揭秘中国财富

张 勇
一直被模仿从未被超越的服务

启文 编著

山东画报出版社

图书在版编目（CIP）数据

张勇：一直被模仿从未被超越的服务 / 启文编著
. -- 济南：山东画报出版社，2020.5
（揭秘中国财富）
ISBN 978-7-5474-3513-7

Ⅰ.①张… Ⅱ.①启… Ⅲ.①张勇—生平事迹②饮食
业—商业经营—经验—中国 Ⅳ.① K825.38 ② F726.93

中国版本图书馆 CIP 数据核字（2020）第 079479 号

张勇：一直被模仿从未被超越的服务
ZHANG YONG: YIZHI BEI MOFANG CONGWEI BEI CHAOYUE DE FUWU
（揭秘中国财富）
（JIEMI ZHONGGUO CAIFU）
启　文 编著

责任编辑　张雅婷
装帧设计　青蓝工作室

主管单位　山东出版传媒股份有限公司
出版发行　山东画报出版社
　社　　址　济南市市中区英雄山路 189 号 B 座　邮编 250002
　电　　话　总编室（0531）82098472
　　　　　　市场部（0531）82098479　82098476（传真）
　网　　址　http://www.hbcbs.com.cn
　电子信箱　hbcb@sdpress.com.cn
印　　刷　北京一鑫印务有限责任公司
规　　格　870 毫米 ×1220 毫米　1/32
　　　　　　6 印张　152 千字
版　　次　2020 年 5 月第 1 版
印　　次　2020 年 5 月第 1 次印刷
书　　号　ISBN 978-7-5474-3513-7
定　　价　178.80 元（全 6 册）

前 言

"服务至上、顾客至上"，这朴实的八个字在全国很多的店铺里都能看到，但就是这八个朴实无华的字眼造就了传说一般的"海底捞"，使得这个发源于四川的火锅品牌蜚声中华乃至海外。

作为海底捞的一名忠实顾客，打心底里说，海底捞的味道绝对不是最好的，而且连海底捞的创造人张勇也亲口承认了这一点；海底捞的价格也不是最亲民的，很多海底捞的食客也深深认同这一点。但是我们就是没有办法直接拍着桌子喊一句："价格太贵了！""你的菜怎么不好吃啊？"

你做过吗？你敢做吗？为什么？

现在很多饭店的等位区都提供了瓜子、花生、点心，有的还提供水、饮料，这都是跟海底捞学的。正所谓"一直被模仿，从未被超越"，海底捞免费区提供的零食迄今仍是全国数一数二的，各种水果都是最新鲜的，爆米花的味道也丝毫不比电影院的逊色。等累了，女顾客可以去做个美甲，男顾客可以去擦个皮鞋。

如果你以为这就是海底捞的服务那就错了，因为这充其量只能算个前奏。从吃饭到离席，服务员都会在你周遭忙上忙下，哪怕消费一块钱也能享受到贵宾服务，请问这样的餐饮服务，中国有第二家吗？在一堆物超所值的服务面前，你的那些小埋怨还能脱口而出吗？只能蘸着海底捞秘制的酱料，一筷子将涮好的美食和着嘴边的话送回肚子里，而且没有怨言。

海底捞品牌创建于1994年，历经二十多年的发展，海底捞国际控股有限公司已经成长为国际知名的餐饮企业。截至2019年6月30日，海底捞已在中国118个城市，以及新加坡、韩国、日本、美国、加拿大、英国、越南、马来西亚、澳大利亚等国家经营593家直营门店，拥有4380万会员和88378名员工。

如今的海底捞不仅成了食客们的聚会场所，更成为企业管理者与创业者争相学习效仿的对象。"海底捞现象"或许比海底捞本身更具有深度发掘的价值。

本书着眼于海底捞"一直被模仿从未被超越的服务"，通过大量的张勇讲话、海底捞案例分析及其他著名企业的相关案例拓展，重点剖析海底捞的服务理念与管理模式，旨在为最广大的读者做一次"最海底捞"的经验分享。

目 录

第十章 海底捞是熬出来的

第一章

海底捞的秘密：服务至上

"一招鲜，吃遍天"，海底捞在用实践演绎"'变态'的好服务是怎样炼成的"。

海底捞的缺点是找不到缺点

我18岁进工厂，成为拖拉机厂的一名电焊工人，上班几年后觉得无聊，就在街边摆起了4张桌子，开始卖麻辣烫。这种状态持续了2年，1994年3月，海底捞第一家火锅城在四川简阳正式开业，我、我太太、同学和同学太太4人，就是海底捞的创业团队。那时我连炒料都不会，只好买本书，左手拿书，右手炒料，就这样边炒边学，可想而知，这样做出来的火锅味道很一般，想要生存下去只能态度好点，客人要什么速度快点，有什么不满意多赔笑脸。因为我们服务态度好、上菜速度快，客人都愿意来吃，做得不好客人会教我做。我发现优质的服务能够弥补味道上的不足，从此更加卖力，帮客人带孩子、拎包、擦鞋……无论客人有什么需要，我都二话不说，一一满足。这样做了几年之后，海底捞在简阳已经是家喻户晓。

我做火锅是偶然，但也算歪打正着，因为火锅相对于其他餐饮，品质的差别不大，因此服务就特别容易成为竞争中的差异性手段。

——张勇谈服务的差异化战略

【背景分析】

在如今火锅林立的城市，海底捞究竟是靠什么打败众多竞争对手，异军突起的呢？谈到海底捞，它不像小肥羊火锅有特色的涮羊肉，也不像呷哺呷哺那样装修时尚，吸引众多年轻情侣，更没有麻辣诱惑火锅入口难忘的味道。通过大众点评网的随机调查，在北京地区，无论是特色、环境还是火锅口味，海底捞都没有优势，而海底捞真正的撒手锏是堪称"变态"的服务。

海底捞的服务并不是后来发展壮大后才慢慢形成的，张勇在简阳开第一家海底捞火锅的时候，就已经确立"服务第一"的经营理念。1994 年，张勇把海底捞开在了简阳热闹非凡的火锅一条街——四知街上。当时张勇完全是火锅业的新丁，既没有固定的客源，又没有独家火锅秘方，甚至连炒料都不会。

意料之中，刚起步的海底捞生意惨淡无比。为了招徕顾客，张勇开始主动出击。在火锅城门口的街边，每天傍晚都会有一群民工路过，张勇就每晚守在路边的电线杆旁，看见他们路过就主动打招呼。这样一直持续了大半个月，张勇的人情攻势起了作用，有点难为情的一群客人决定去尝尝海底捞火锅。

为了抓住来之不易的顾客，张勇在服务时打起十二分精神，尽心尽力。把餐桌擦得一尘不染，请顾客入座，在等火锅的时候，张勇热情地给顾客加茶水，还送上免费的腌白菜、黄豆粒等小吃，陪客人聊家常；火锅上了之后，张勇更是全程站在身旁，不时提醒顾客小心烫着，并手脚麻利地给客人续茶水、换干净的餐盘，客人无论有什么要求，张勇都是二话不说，全部满足。

几个小时过去，在张勇的全程服务下，顾客吃得兴致高昂，最后对张勇和海底捞大加赞扬，尽兴而去。不过，这群顾客的满意也令张勇感到纳闷：为什么以前的客人来吃了以后就不再来了呢？难道是今天做得火锅非常对味？好奇之下的张勇尝了一口火锅汤，不尝不知道，简直是难吃得不行，火锅底料放了太多的中药材，完全没有了火锅味，全是中药的苦涩味道，真不知道那群客人怎么下得了口。

但是刚才客人的高兴显然不是装出来的，而且也没必要装，客人的确是非常满意。张勇开始思索到底是什么令顾客能够接受这味道非一般的火锅，最后张勇的答案就是他殷勤的服务为他加了分。张勇认识到，火锅，尤其是四川的麻辣火锅，吃到一半时，顾客的味蕾一般早已麻木了，在这一刻，任何火锅的口感都是大同小异，人们能感受到的就是眼前的服务。

从此张勇认为，顾客在吃火锅的过程中，每家火锅店的火锅口感基本没有太大差别，更不会形成梯次。在此基础上，能吸引顾客的就是眼睛看得见的服务，优质的服务能够让海底捞和其他火锅店之间形成差异化。有了这个认识之后，张勇开始主抓海底捞的服务质量，很快，他的火锅店便在简阳市内名声大噪，不到一年的时间，曾经开着七八家火锅店的火锅城变成了海底捞独家火锅城。直到今天，海底捞依然保持"服务第一"的宗旨，这也是顾客选择海底捞的主要原因。

【拓展透析】

顾客需求是市场灵魂。从市场营销的角度讲，每一种需求都可以成为差异化战略的出发点，但是，并不是每一种差异化战略都能获得市场认可，只有准确把握目标顾客的关键需求，创造出顾客所期望得到但竞争对手尚未提供的顾客利益，才能获得巨大成功。所谓顾客的关键需求，就是对购买决策产生重要影响的利益需求。在差异化战略实施方面，顾客的关键需求才是战略实施的根本。

一千个客人，就有一千种服务方式

客人是一桌一桌抓的，丢一个就是丢一桌。

——张勇谈吸引客人

【背景分析】

对餐饮行业来说，"一桌"就是一个顾客单位，假如发生质量事故，那丢失的将是这一桌客人，甚至会影响每个顾客身边的一群人。当然，吸引顾客也是同样的道理。

一个周末的晚上，海底捞上海区分店的包房里接待了一个家庭聚餐。在吃饭的过程中，服务员张耀兰发现女主人把盘中用来点缀菜色的萝卜丝都吃掉了。张耀兰迅速地做出反应，招呼厨房准备了一盘萝卜丝，又到调料台加入一些调料，调出了一盘色香味俱全的凉菜。

当萝卜丝端到桌上时，大家纷纷说没点这个菜。张耀兰望着女主人说："我猜您喜欢吃萝卜丝，所以专门调了一盘赠送给您。"这桌客人开心极了，不但很快把萝卜丝一扫而光，男主人还用菜汤拌饭，连连夸赞这是他吃过的最好吃的饭。

张耀兰用这一盘萝卜丝抓住了这桌客人的心，之后他们几乎每周来一次，还带来了另外两个家庭。一桌客人很快就变成了三桌客人。

张勇在提出"客人是一桌一桌抓的"时，还有另外一个意思，即每桌客人都是一个生活圈子，小孩、老人、孕妇、情侣等，圈子和圈子间的饮食习惯和用餐方式是不一样的。比如有的喜欢有人随时在旁边服务，有的则喜欢自己涮菜；有的喜欢点自己喜欢的，有的则喜欢有人推荐特色菜品；有的喜欢拌好的调料，有的喜欢自己调味；有的喜欢点全份，有的喜欢点半份；等等。

顾客群体不一样，有不一样的需要，所以抓住他们心的办法也就不同。

【拓展透析】

海底捞按照不同顾客的需要，提供不同的服务，这就是一种好的服务营销。现代经营观念认为，服务同样是真实的，服务也能创造价值，而且能创造更多的利润。

美国惠而浦公司是全球最大的家用电器公司，公司生产的洗衣机质量是最好的，但利润相当微薄。近年来，公司以洗衣机为载体，强化洗衣服务，盈利状况大有好转。他们的办法是到大学、大公司送洗衣机，如到一所大学送 1000 台洗衣机，不要钱，但要求有地方存放洗衣机，每天为学生和员工洗衣，洗衣自然要收钱，只要洗衣机不坏，一直可以洗衣收钱，这样便得到了可观的现金流量，相应地赚取了利润，这说明服务确实能够创造新的价值。

越是看不到的地方越要花功夫

我们将成本花在很多看不见的地方。市场还没有要求我们的时候我们已经做了，按照传统的方式，原材料运过来之后我们的服务员清洗一下就可以了，但是这个蔬菜跟人的皮肤一样都是有毛孔的，如果简单清洗是清洗不干净的，一定要多冲洗几次才可以把蔬菜里面的细菌洗出来，这就需要技术，要花很多钱，我们就是这样做的，包括仓储也是，传统的仓储比如说辣椒放在那里，会有霉点，按照欧盟标准这是不允许的，但它在一定的温度和湿度下面能保存一年。我们非常自豪的是，我们可以达到这个水平。

——张勇在 2010 稻盛和夫经营哲学青岛国际
论坛上的发言

【背景分析】

海底捞的品牌不是只靠媒体的宣传造势，而是将所有精力集中在顾客身上，通过顾客亲自品尝与体验来俘获其心的。不像麦当劳强大的宣传阵势，海底捞几乎没有打过广告，全凭自身产品和服务品质说话。凡是去过海底捞的顾客，即使是同行，全都被食物的美味可口所吸引。"好吃"的背后离不开海底捞对火锅品质的细致投入。

在原料采购方面，海底捞有着严格的控制，特别是蔬菜类菜品。海底捞的蔬菜全部采用直采的方式，即直接同农场或者农户沟通，经采摘后送到各个店面。一般蔬菜类的菜品时效性很强，这样一来，蔬菜的新鲜度就能得到保证。此外，海底捞会派专门的品控团队对蔬菜上的残存农药进行检测。若是农药量不在安全标准以内，那么菜品就会被退回。这就难怪海底捞桌面上呈现的均是新鲜欲滴、水分十足、绿色无害的蔬菜了。

不仅如此，海底捞对食材的清洗也是用心良苦。简单的清洗根本没办法洗净蔬菜中的细菌，为此海底捞在其物流配送中心下设立加工车间，由专人负责对菜品进行温度、湿度控制和安全卫生方面的检查监督。

为了保证食材的绝对安全，海底捞对食材的配送和储藏也十分重视。运输食材的车辆必须经过检查、消毒和清理后才能使用。车辆上装有温度记录仪，而且整个配送过程中，温度要保持在0℃～4℃。在食材的储藏方面，海底捞对蔬菜类菜品的控制尤为严格。蔬菜在物流配送中心最多允许停留3天，在店面内的停留时间不得多于一天半，而且必须储存在0℃～4℃的保险库中。此外，海底捞甚至设立了安全回溯制，一旦食材出现问题，员工能及时快速地进行处理。

【拓展透析】

海底捞对火锅品质的追求打造出其在顾客心中"好吃"的品牌形象。众所周知，好的口碑是企业的无形资产，甚至关系到企业的生存与发展。若想让口碑形成品牌效应，凭借的还是产品的精神内核——高品质。所以，一个企业要保持自身长久发展，必须注重产品和服务质量。

免费服务也得是物超所值的

　　既然是送人吃的，就要送最好的；2 毛一斤都送了，为什么不再多添 1 毛送甜的？

　　我们不能总是站在自己的角度上考虑问题，我们一定要站在别人的角度考虑问题。比如一个顾客到了海底捞要等座，座位也没有，一点小吃也没有，人家一定就不等了，而不等的结果就是我们没有收入。所以，我们必须在这种情况下增加一种服务，而增加这个服务的成本实际上是微不足道的。

　　　　　　　　　　　　　　　　——张勇谈免费服务

【背景分析】

　　有一次，张勇到海底捞北京的一个分店去视察，发现店里等位区提供的免费西瓜不够甜。于是他找来店长，询问这是怎么回事。店长向张勇汇报道："最近西瓜涨价了，好的西瓜要 3 毛钱一斤。所以，店里采购的是 2 毛钱一斤的西瓜。"张勇马上说："既然是送人的，就要送最好的。2 毛钱都花了，还差 1 毛就能让顾客更满意，为什么不多花 1 毛送甜的西瓜呢？"

海底捞等位区是供顾客排队等候消磨时光的地方，这里能大大地分散顾客的注意力，缓解顾客的不安和焦急情绪。对于门口总是排着长队的海底捞，其重要作用更是不言而喻。所以，在服务等位区客人这件事情上，张勇的态度十分明确：免费的食品送最好的。最终海底捞等位区的服务受到大众的一致好评。例如有许多顾客纷纷称赞："海底捞爆米花的口味和质量远远超过了电影院里价格奇高的爆米花。"

事实上，海底捞的免费服务成为吸引顾客的有效方式，甚至在门店的运营中起着至关重要的作用。海底捞在西安开设联营店的时候，杨晓丽被张勇委任为店长，负责打理西安店的全部事务。可是原本业务突出的杨晓丽却没有将这个店管理好，原因在于合作方不仅严格限制西安店赠品的发放，而且对店面管理事事插足，如此一来，海底捞最具吸金能力的免费服务无法起到吸引顾客的效果，店里生意惨淡。

无奈之下，杨晓丽只得向张勇说明实情。在张勇的协调下，合作方不再参与店面管理，海底捞全权推行服务模式。不久之后，西安分店的业绩好转，并日渐红火。最终，海底捞在西安餐饮业中拥有了一席之地。

所谓有舍才有得，张勇的"舍"换来的是海底捞的"得"。据说，海底捞的分店收回投资的时间平均在一年半左右。有些效益好的分店仅在 6 个月内便能收回投资。2009 年，海底捞的净利率是 18%，遥遥领先于同行的平均水平；2010 年，在原材料价格上涨的情况下，海底捞的净利润仍然居高不下，保持在 16% 的水平。

【拓展透析】

张勇对于顾客从来都是"大手笔"，他关心的是海底捞长远的利益。而那些鼠目寸光的管理者遵循的原则只有一个："理想、理想，有利就想；前途、前途，有钱就图。"因而，他们永远是斤斤计较的，永远是争先恐后的，总是担心自己吃亏。

诚然，追求利润是每个企业都不能忽视的目标，但是过度强调利润，就会使管理者重视短期利益，为了今天的利润，不惜牺牲明天的生存。一个不择手段的企业很难建立信誉，一个只重视眼前利益的管理者也很难取得大的成就。著名的管理大师德鲁克认为，一味强调营利性是管理中最愚蠢和糟糕的办法。

对于管理者而言，首先要考虑的不是赚钱，而是为顾客创造真正的财富和价值，持续不断地改变这个社会。很多企业家在刚开始创业的时候把为众人服务作为奋斗的目标，最终收获了巨大的成功。譬如山姆·沃尔顿，他发誓要建立一种既便利又廉价的商业形态，沃尔玛成为实现他这一理想的工具；再如马云，他刚开始创业的使命就是"让天下没有难做的生意"。而这些非功利的目的最终给他们带来了巨大的财富。

此外，控制成本的时候一定不能以牺牲产品的品质为代价。管理者需要注意的是，高品质不是高成本的借口和理由，低成本并不以牺牲品质为代价。对于企业管理者而言，控制成本要进行通盘考虑，在提升产品品质的同时降低产品成本，从而降低产品价格。

顾客甘愿为"五星级服务"买单

> 钱这个东西，天上掉不下来，地下也长不出来，只
> 能从顾客口袋中掏出来。
>
> ——张勇谈员工与利润关系

【背景分析】

赚钱是每个企业的最终目的之一，张勇做海底捞的目的也是如此。企业的盈利从哪里来？最终肯定从每一位顾客那里来，这个简单的道理谁都懂。可是顾客的钱也都是自己辛辛苦苦赚来的，口袋自然捂得紧。粗暴的企业家会硬生生地从顾客口袋里"抢"钱，也不管顾客的感受怎样，"店大欺客"是常有的事；聪明的企业家则会让顾客心甘情愿地把钱从口袋里掏出来，不仅自己的企业能顺利地拿钱，而且让顾客心情愉快，顾客甚至会排队给企业送钱。

如何才能让顾客满意，聪明的张勇给出的答案就是提供近乎完美的服务。在"变态式"的服务面前，再挑剔的顾客也会无话可说，自愿把口袋里的钱掏出来。为了提供"变态"级服务，海

底捞的员工普遍比同行要累得多，海底捞的传菜员，每天来来回回"奔波"于餐桌和厨房间，端着菜"竞走"，没有一个脚下没有起泡的，但是泡破了依然咬牙挺住；负责刷碗的后堂员工，几乎从上班到下班，手就一直泡在水里，油渍和清洁剂不停地侵蚀皮肤，即使手被泡烂了也要坚持；就连平时顾客眼中最轻松的前台服务员，一天下来，屁股不能沾一下板凳，腿能不肿吗？

海底捞员工有一句话："在海底捞能熬过3个月的都是好样的。"天上不会掉馅饼，同样的，海底捞员工吃的苦也不会白白浪费。海底捞员工不仅可以一岗多能，每个员工能胜任多个岗位，而且业务娴熟，技艺精湛，甚至令吃火锅的顾客叹为观止，这都是海底捞高强度训练的成果。

拥有这么多高水平的服务员，效果是相当明显的。每位顾客，从距离海底捞门店几米远的地方就开始感受到热情，整个吃火锅的过程更是沉浸在海底捞的优质服务之中，完全像被宠爱着一样，任何事情，甚至不用开口，就已经有服务员上前帮忙了。人心都是肉长的，如此堪称完美的服务，怎能让人不由衷折服？顾客心里满足，自然就会松开捂紧的钱包，心甘情愿地拿出钱来，为在海底捞享受的"五星级"服务埋单。

【拓展透析】

做生意其实都是从顾客腰包里拿钱，各大企业拿钱的招数多种多样，正所谓"你有张良计，我有过墙梯"，企业管理者更应从海底捞式服务上举一反三，开发更多的营销策略。

其实海底捞只比别人多了一点点

所谓特色就是你比别人多了一点点，而正是这"一点点"为海底捞赢来了口碑。服务是海底捞获得成功的最大法宝，服务也是其与同行进行竞争的最有力武器。

我小时候看过一个笑话，两个兄弟睡在一起，晚上轰蚊子，每个人都只轰自己一边，结果对面的蚊子还是会过来咬自己。消费者不会关注哪里是海底捞，哪里是共用设施，他只会感受到海底捞的环境如何如何。虽然一个楼层是共用的卫生间，我们海底捞的顾客用得最多，如果其他人不想把它做好，又没有办法沟通，那不如就由我们来做。如果你把精力和时间放在争论上，是不是很冤？这样做也是为了达成为消费者提供优质聚餐场所的目标。生意好，利润自然就来了。

——张勇谈海底捞特色服务

【背景分析】

创业早期，张勇做出来的火锅味道不尽如人意。为了生存下去，张勇只能在对手较弱的方面下功夫，以此弥补味道上的不足。张勇很快发现，上菜速度和服务态度的些许改进就能大大提升顾客的愉悦感。这让张勇受到了极大的启发。他意识到，拥有自己的特色服务是保留和拓展客户的一个极好方法。从此以后，他一直致力于将海底捞做到与众不同。别的餐厅不会帮顾客擦鞋、带孩子，但张勇卖力去做。这种有别于对手的特色，使得海底捞在餐饮行业的知名度越来越高。

在海底捞，如果出现孕妇，服务员会递上柔软舒适的靠枕；点菜时还会免费赠送话梅等开胃小食品。如果出现婴幼儿，服务员会第一时间推来儿童椅，用餐结束后还会赠送小礼物。这些服务看似微不足道，但是又有多少同行能够做到这些呢？正是这些点点滴滴的服务汇聚成独特的海底捞。

还有一次，同桌的两位客人因为一点小事发生了争执，气氛十分尴尬。若是一般的餐饮公司，在这种时刻必然会选择"隔岸观火"。但是，海底捞的服务员没有"冷眼旁观"，他小跑到客人桌前，魔术般地送上了一张贺卡和一枝玫瑰。客人看到后十分感动，之前的不愉快瞬间被"秒杀"。自然，这顿火锅最后没有以"不欢而散"而告终。

一直到如今，海底捞延续着张勇的这种理念："做特色的服务，比别人多一点。"相比同价位的餐饮公司，海底捞对硬件设施的投入更多。比如率先采用机械化清洗方式，甚至和其他餐饮公司共享的卫生间，海底捞都耗费人力、物力去维护。这使得海底捞在顾客中始终保持着优质的形象，难怪网上流传着对海底捞的极致评价："人类已经无法阻止海底捞了。"

【拓展透析】

打造企业的特色。

1. 有价值的差异化

没有价值的差异化，充其量只是随波逐流，不能给顾客增加价值。创造有价值的差异化，企业就可以提高效益，利润也会自然增加。

2. 定位行业趋势

作为企业家和经理人，必须思考：你所处的行业现在处于怎样的阶段？市场饱和度如何？能不能更进一步开拓市场空间、提升服务质量？顾客的潜在需求有哪些？在未来几十年，顾客的需求会发生怎样的变化？你该怎样把握这些变化？企业家对行业的趋势线分享，有利于企业在竞争中胜出。

3. 找出现有行业中的弊端

能从现有行业、现有市场中发现弊端，找到竞争对手忽略的要素，提供与众不同的产品，你的企业就一定可以脱颖而出。

4. 持续不断地创新

在现代社会，企业缺乏领先的技术或者服务，就难以形成自己的特点，难以有高起点的竞争优势，难以有更高的市场份额。而持续不断的技术创新能为企业注入活力。企业可以通过市场调研、科学预测、建立研发机构等，开发新产品或提升服务，从而抢先满足或创造市场需求，借此打造企业的竞争优势。

第二章

服务？义务！

在海底捞，没人跟你讨论"该不该服务"这种问题，类似于"买东西就得付钱"这种事情，有什么好讨论的？

让顾客来点赞

　　楼外楼（海底捞原名楼外楼）开业的时候，一个做医疗器械的朋友在西安有分公司，他问我有没有想过到外地去开火锅店，我说想啊，就是没有本钱，也缺资讯，但是我相信北方一定可以开，他说你说对了，现在全国有很多四川火锅，西安那个地方的火锅做得很烂，你去了一定火。然后他就给我把机票买了。当时，我只有20多万现金，他要跟我合作，我说怎么也得七八十万，但我只有这么多，店开了就没钱了，他说没关系，反正钱也不是一次花完，最后用70多万元店就开业了。

　　我们合伙干了半年，当时还都是手工操作。也没做什么广告，我一直坚持餐饮的营销不是靠广告，企业做大了之后需要广告，但是我现在还是不会选择这种方式，口碑也是一种广告。后来很多人问我，你送客人一个菜，或者给他免单，成本怎么算？我说你们都没算广告费。

——张勇谈餐饮营销

【背景分析】

对于餐饮行业而言，一个满意的顾客就是一条活广告。这个人会无意识地将自己的消费体验向周围的亲朋好友宣传。而人们对于这样的分享充满了好奇，自然会忍不住亲自前往体验。

张勇坚持不做广告，在他看来，口碑也是一种广告。事实上，海底捞的天下更像是大众口口相传的结果。刚开业时海底捞其实顾客并不多，但张勇竭尽全力去满足每一个顾客的需求，慢慢地赢得一批老客户的好感。而这些老顾客背后的关系网又带动了另一批顾客，就这样一圈一圈不断地辐射开来，海底捞就渐渐壮大起来。

一条远近闻名的海底捞"广告"是一支冰淇淋的故事。某一次，一位吃完火锅的顾客在结账的时候随口问了句："你们这里怎么没有冰淇淋呢？"这话正巧被一旁的服务员听到了，她二话不说就奔向了对面的超市。大约5分钟后，服务员气喘吁吁地将一个"可爱多"递到顾客面前，还略带歉意地说道："不好意思，让你们久等了。这是刚从超市买回来的。"这位顾客自然是受宠若惊，而"可爱多"的故事也随之流传至今。

海底捞的"广告"功力不止于此。北京牡丹园店的一碗汤圆便换来楼上一家证券公司的招待餐。牡丹园店刚刚开业的时候，门庭冷落。下午两点多的时候，大厅就已经熄了灯。这个时候，一位大汗淋漓的中年男子急促地奔向大厅，对着门口值班的服务员说："给我来碗面条。"

服务员见这位中年男子的脸色很差，心里琢磨着他可能是低血糖患者。可是，海底捞没有面条，只能去超市购买。但服务员转念一想，这位顾客此刻急需进食，不然很可能会晕倒。如果现在去买，时间肯定来不及了。于是，机灵的服务员立刻跑到厨房端出一碗汤圆放在中年男子面前。

中年男子吃完后，便开始掏钱包。不料，这个服务员说："不要钱的。"中年男子一听这怎么行，吃霸王餐可不是自己的风格。可是服务员坚持不收钱："你生病了啊，做碗汤圆是应该的。要不下次过来吃火锅吧。"这位中年男子不是别人，正是牡丹园店楼上证券公司的总经理。而这一碗成本不足一元的汤圆深深打动了这位老总。他回到公司后立刻交代行政部门：海底捞为公司的指定餐厅，并且只有海底捞的餐饮发票才能报销。就是这样一碗微不足道的汤圆，替海底捞打出了一条最真诚的广告，使得整个证券公司成为他们的忠实顾客。

【拓展透析】

海底捞的一碗汤圆赢得了一位忠诚的顾客，并赢来了一整个公司的员工。这就是说，如果企业损失一个顾客，那么就会损失这个顾客身后的关系网，如此恶性循环下去，企业就会失去一批又一批的潜在顾客。

管理者应该在企业内部培育"零客户流失"文化。许多企业都设立了客户热线，可有多少是真正的投诉热线呢？又有多少客户愿意花费精力去投诉呢？离开或不再光顾是最简单的解决办法。显而易见，你不应该等着不应该的事情发生。你的工作是听到这些抱怨并加以处理。

如果客户抱怨，他们是在给你提供反馈，这样的反馈不但有价值也许还代表了其他客户的意见。如果投诉渠道畅通，他们会在每一个重要环节为你提供解决问题的机会，你也会重新赢得他们的信任。因此，对待投诉应该像买彩票中奖一样，企业管理者要做到：

1. 不定期地跟踪客户投诉。丢掉意见反馈表吧，因为它很模糊。直接面对客户，告诉客户他们有意见应该找谁。不要相信有沉默的客户这样的说法。

2. 抱怨的客户通常会就事论事。要仔细聆听并采取行动。客户并不想离开，他们希望你把他们感召回来。把问题处理好，告诉客户你是怎样解决的。

3. 客户的投诉反馈要比你通过调查机构得到的反馈便宜得多。你应该奖励投诉的客户，他们值得你这么做。赢回的客户会更忠诚，要像对待你的财富一样对待他们。

4. 记住一个数值：获得一个新客户的成本是保住一个老客户的 8 倍。

5. 坚守两个法则：一是抱怨的客户永远是对的；二是如不确定，再回到法则一。

服务业的质量革命将创造一系列新的赢家和输家。"有价值的客户对于服务体验的追求是一致的，但是他们对服务商的忠诚度是转瞬即逝的。如果服务商不提高自身的服务水平，那么，客户就会去寻找更好的服务提供商。"赢家必将是在零客户流失管理方面保持领先的佼佼者。

海底捞心理学：味道好是因为吃得舒服

> 如果客人觉得吃着开心，就会夸你的味道好；如果觉得你冷淡，就会说难吃。服务会影响顾客的味觉！什么是好的服务？就是让客人满意。什么是更好的服务？就是让顾客感动。
>
> ——张勇谈服务

【背景分析】

对于大多数顾客来说，心情好胃口就好，胃口好味道自然也好。所以，如果顾客能体验到优质的服务，那么即使食物的味道差强人意，顾客依然会啧啧称赞，并且还是乐意光顾这里。因为，对于顾客而言，好的味道只是企业技术或者能力上的体现，而好的服务代表着一种尊重的态度。张勇正是明白这个道理，所以海底捞在服务上下足了功夫。

夏天的时候，走进海底捞，服务员会微笑着递上水："天气干燥闷热，请您喝杯水，降降温吧。"下雨天的时候，服务员会递上纸巾："欢迎您冒雨光临本店，非常感谢，请您先擦擦雨水吧。"

除了亲切朴实的态度，海底捞还力求以最快的速度为顾客提供服务。当顾客点好菜之后，服务员可以做到3分钟上锅，5分钟上菜。如果顾客不喜欢免费的酸梅汤和豆浆，海底捞会送他一碗鸡蛋羹。对于那些牙口不好的人或者不能吃火锅的小孩来说，一碗免费的鸡蛋羹也许并不比火锅美味，但对顾客而言是极佳的消费体验。

在服务业有一条公认的真理：打折不如送礼。因为送礼会给顾客带来意外的惊喜。有一次，几位顾客在海底捞吃火锅的途中，突然听到一声惊呼。他们四处张望，发现声音是从一位挺着大肚子的孕妇那里传来的。原来，服务员得知她是孕妇之后，临时准备了他们自制的宝宝图画送给她。这一举动使得孕妇感动不已，火锅吃得更加津津有味了。自然而然，顾客对海底捞服务的感受会进一步加强其对海底捞的整体评价。

【拓展透析】

从海底捞的经验可以看出，服务对于企业的发展越来越重要。好的服务可以影响顾客的味觉，并给顾客带来情感上的良性体验，同时强化顾客对企业的忠诚度。在市场竞争越来越激烈的今天，越来越多的企业将目光落在服务上，希望实现服务的精益求精。

用真诚赢得消费者的认可

那个时候，我的环境不算最好，但是我的态度非常好，别人要什么我就快一点，有什么不满意的我就多赔笑脸，结果大家都愿意过来吃。就这样，我用真诚和优质的服务抓住了很多的顾客。3个月后，客人就多了，开始排队，越做越好，逐渐做成了简阳最大的火锅店，并在简阳开了第二家火锅店。

我们的经营理念一直是不做最大的，而要做最好的。因此我们不做麦当劳，最好的才最有生命力，而且要让消费者从心底里觉得你是做得最好的。

——张勇在2010稻盛和夫经营哲学青岛国际
论坛上的发言

【背景分析】

海底捞的服务态度被公众戏称为"变态"和"肉麻"，这正是对海底捞真诚对待顾客的最大嘉奖。或许有人会质疑，海底捞的贴心太过刻意，服务过于殷勤。但正如林肯所说的那样："你可以欺骗所有人于一时，或欺骗部分人于永远，但你不可能永远欺骗所有的人。"在长达 19 年的时间里，海底捞的每一个成员发自肺腑地为顾客着想，时时刻刻用细致入微的真诚打动顾客，让顾客体会到家人般的关怀备至。

在海底捞创业初期，张勇就是用真心实意留住顾客的。顾客需要什么，只要是力所能及的，张勇都会满足。他甚至坦言，那个时候送的菜品比卖出去的都还要多。在他看来，这点成本根本算不上什么。服务行业中亘古不变的真理就是：顾客就是上帝。一切站在顾客的角度，真诚地为顾客服务，这就是海底捞的出发点。

开车的顾客，海底捞为其提供免费停车位；走进店里，迎接顾客的是一张张亲切的面孔和贴心的问候；点菜过多的时候，服务员会善意地提醒顾客；打了一个喷嚏，服务员立马就从厨房端出一碗热气腾腾的姜汤；一个转身，空着的杯子里就续满了豆浆或者柠檬水；听到顾客夸奖豆浆味道好，服务员会在临走的时候赠送好几袋打包好的豆浆；得知有人过生日，服务员会送上免费的长寿面和果盘，为顾客唱中英文的生日歌。

还有一次，一群人准备去海底捞吃夜宵，到店里的时候已经过了海底捞的营业时间。正准备离开的时候，海底捞的服务员急匆匆地跑到他们面前，递上两个热乎乎的烤玉米，面带歉意地说："真是不好意思了，我们已经下班了。你们先吃吃这些玉米吧，垫垫肚子。"

海底捞正是凭借这些不经意的关心让顾客感受到无处不在的真诚，日积月累，就形成了独具特色的海底捞服务。事实上，当顾客感受到关怀的时候，不仅能大大增进其对海底捞的亲近感，更能加强其对海底捞的黏性。如今，海底捞的诚意已经深入人心了。

【拓展透析】

一个业绩高手曾说，他得到的最有价值的经验就是：与每个顾客成为朋友。也许你有物美价廉的产品，但竞争者的产品可能与你的产品不相上下，这时顾客会如何选择？最后，交易总会落到顾客感觉最真诚的企业或者企业员工身上。

那么，如何让顾客感受到企业的真诚呢？这就要求企业树立"顾客就是上帝"的观念。但是，仅仅确立观念是远远不够的，对于管理者而言，具体可以从以下几个途径着手：

1. 对员工的服务技能进行强化，营造一个"顾客至上"的环境与氛围。

2. 要懂得换位思考。许多看似无法接受的要求和习惯，只要站在顾客的角度去考虑，他们的"挑剔"就有合情合理之处，因为希望买到最优质的产品是每个顾客的心理需求。

3. 要真正把顾客的需求放在第一位。即使遇到再难对付的"刺儿"，真正把顾客的需求放在第一位，企业就能时刻保持春风拂面的风度。

4. 要加强沟通，用心交流。当顾客对企业的服务或产品不满意时，要及时了解顾客的想法，尽可能实现他们的愿望。用心沟通，才能为顾客架起贴心服务的桥梁。

服务就是传递快乐

> 餐饮业属于劳动密集型行业，来就餐的顾客是人，管理的员工是人，所以一定要贯彻以人为本的观念。我始终认为，只有当员工对企业产生认同感和归属感，才会真正快乐地工作，用心去做事，然后再透过他们去传递海底捞的价值理念。大家可以和亲戚朋友一起工作，自然就很开心，这种快乐的情绪对身边的人都是很具感染力的。
>
> ——张勇谈海底捞的愉快管理

【背景分析】

对于讲究生活品质的现代人来说，用餐不仅仅是为了填饱肚子，更是闲暇时光的消遣与享受。海底捞之所以如此受欢迎，恰恰是迎合了顾客的这种心理，让顾客体验到了用餐中的愉悦与快乐。

从迎宾员、引导员、传菜员到服务员，自顾客踏入海底捞大门的那一刻起，他们无时无刻不被海底捞传达的快乐气氛所感染。顾客刚到门口，迎宾员就热情地将其带到大厅。若是店里有空位，引导员会将顾客带到用餐的餐桌前，路途中会见到许多面带微笑的服务员。

若是就餐区座位已满，引导员会带顾客进入等位区。等位区提供扑克、象棋、电脑，顾客可以在这里悠闲地打发时间。除此之外，服务员还会为顾客递上各式各样的果盘和美味可口的点心。对于爱美的女性顾客，甚至提供免费的美甲服务。

等到就餐的时候，服务员会不时为顾客更换热毛巾、分捞食物。而海底捞的卫生间也十分清洁干净，洗手台上工工整整地摆放着棉签、皮筋、摩丝、梳子、护手霜等可供顾客免费使用的生活用品。顾客才走到洗手台，一旁的服务员就帮忙拧开了水龙头。洗手完毕后，服务员会面带笑容地递上一张纸巾。这一系列周到的服务让每个去过海底捞的顾客都有愉快的用餐回忆。

【拓展透析】

海底捞无处不在的快乐氛围给顾客带来了与众不同的新奇体验，而这样的体验也为海底捞赢得了大量的顾客。事实上，独特的服务体验是服务创新中的重要一环，甚至能帮助企业建立自己的竞争优势。美国有线电视新闻网（CNN）就是一个最佳的案例。

CNN 国际新闻网每天进行 24 小时的全球直播新闻报道。它如今的风光让人很难想象特德·特纳 1980 年创办 CNN 时遇到的困境。当时美国的新闻传媒，主要集中于娱乐、体育等方面，至于政治或者其他重大新闻则很少涉及，人们只有 15 ~ 30 分钟的时间了解这个星球上正在发生的事情。原因是电视三大巨头——哥伦比亚广播公司（CBS）、美国国家广播公司（NBC）、美国广播公司（ABC）完全垄断了整个市场份额。"店大欺客"，三大广播公司仗着自己家大业大，逐渐忽略了自己传播社会新闻的职责，完全不顾观众的感受，按照自己的想法播放电视节目。而观众几乎没有选择的余地，久而久之，也渐渐接受了这一事实。

面对这样的状况，特纳决定打破这个常规，他要创办一家全天候24小时滚动播出新闻的电视广播公司。当人们听到这个消息时，全都认为特纳的这种行为无异于自杀，这种全是新闻的节目根本不会有观众。然而事实让那些人闭上了嘴巴。自1980年创办开始，CNN利用真实性、及时性、中立性的报道，给观众以耳目一新的观感，尤其对美国总统里根被刺案的报道，更是让CNN一时间成为所有人的选择。CNN依仗开创的全新式服务体验，成功一跃成为电视领域巨头。

CNN为企业改进服务体验提供了重要的启示。首先，并不是一定要花大价钱才有大改观。有些让人印象深刻的体验在于服务是如何提供的，而不在于提供了何种服务。其次，一些长期存在的冲突（比如客户和服务提供者不同的侧重点，又比如质量和费用之间的权衡，等等）也找到了解决的方法。

不想当服务员的管理者不能当管理者

　　海底捞现有的管理人员全部是从服务员、传菜员等最基层的岗位做起的，公司会为每一位员工提供公平公正的发展空间，如果你诚实与勤奋，并且相信"用自己的双手可以改变命运"这个理念，那么海底捞将成就你的未来。

　　除了工程师等个别的职位，我们其他所有的服务员都是有升职机会的，连我们的总会计师都是从服务员开始培养的。

——张勇谈从基层做起

【背景分析】

　　除了工程师和财务总监除外，所有的管理层都要从服务员干起，这是海底捞的一条明文规定。张勇本人就是从最基层的服务员干起的，那时候他经常上街拉人，琢磨怎么才能够吸引人来吃饭，怎么才能够留住人，什么样的服务才是让顾客来一次就忘不掉的服务。

　　就是因为拥有对一线服务的深度认识和体验，张勇在后来才一直把服务作为海底捞最为重要的特色和内部考核指标。餐饮行业不同于其他行业，只有理论玩不转海底捞，必须得经过基层的磨练才能够真正摸清做餐饮的道道。没有在一线服务过，就不能很好地了解顾客的心思，也很难总结用来管理员工的标准。比如说厨师长，如果做过服务员，就能够直接了解到顾客的需求，如顾客喜爱的菜式、口味和原料等，也就能够更好地在后方为服务员提供最到位的支持。

　　张勇的弟弟退伍后也打算开个餐馆，张勇便让他来海底捞，一样让他从一线服务员干起。弟弟工作出色，3 年后就成为总经理、办公会成员。之后弟弟离开海底捞去创业，这段服务员经历给他打下了坚实的基础。

　　不但基层管理岗位上的人需要从服务员干起，海底捞的高管也是这样走过来的。杨小丽，17 岁来到海底捞成为一名传菜员，现在的她 30 多岁，是海底捞唯一的副总，同时还是上海区的总经理。

　　林忆 16 岁进入海底捞一线，23 岁成为掌管 5 个店面的小区经理，带领近千名员工，成为海底捞年纪最小的店长和小区经理。

　　技校毕业的袁华强干过海底捞各种一线工作，门童、擦鞋、传菜、打扫卫生等，7 年后他成为海底捞北京区总经理，并带领北京区成为最有实力的分店。他最为自豪的并不是"总经理"这个头衔，而是"一流的服务员"。

　　由于在基层的丰富经验，袁华强自己可以同时为 4 桌客人服务，往四周一看，他马上就能判断出客人想要的是什么。

所有管理层都从基层干起还能够有效地抑制权力滥用。比如，海底捞的服务员有免单的权力，管理层就必然会面对服务员乱用权利的问题。但是，如果管理层是从服务员升上来的，他就能够清楚地知道什么时候才不得不用免单权，就能对服务员的免单行为必要与否作出评估。也许有的服务员第一次能够逃过领导的这种评估，但下一次逃掉的可能性几乎为零。

【拓展透析】

海底捞的高层都是从基层一步步走上来的，几乎没有"空降兵"的情况。连公司的培训师，张勇也从来不从外部聘请，因为外部聘请的人很难了解海底捞的情况，也就很难知道员工和公司的需要。从服务员做起，是海底捞管理层的必修课。

对于快速发展的企业或者经历转型期的企业，一般没有时间从内部培养高层管理者，只能从外部进行招聘。但是，如果企业可以从内部进行培养而没有实施，那么，对于企业的发展就是错误的决策。因为，高管职位都从外部招聘，无论对内部员工士气，或对内部人才来说都是很大的打击。盲目雇用"空降兵"，在没有提前考虑本公司内部是否有员工已经积累了必要的经验的情况下，而盲目雇用"空降兵"，这是不可取的。

第三章

一切自主自发：老板最终是个摆设

海底捞一般没机会催员工做事，除非是催你走人。

主动的精髓：像"打麻将"一样工作

仔细一想，其实打麻将包含了所有企业成功的精髓。任何工作都不是一个人单打独斗，要的是集体配合。比如，你坐在我对面，你洗牌时，牌掉在我脚下，谁捡？当然是我捡！因为早捡起来，早开局；早开局，我好早点赢钱。所以打麻将，不管谁掉了牌，都会有人尽快捡起来。

海底捞是我们的家，一个人做错了，实际上跟大家都有关系，那么我们为什么不能用打麻将的精神来工作？

打麻将通宵达旦是常事，而且，第二天很少有人抱怨自己又"加了一个夜班"。

还有一个我觉得神奇的地方，就是打麻将用手就能摸得出来是什么牌。九万与七万，六条和九条，多小的差别呀，居然能摸出来！为什么？因为打麻将的人用心了，用心的人学东西就能学进去，大不了慢一点，但迟早能学会。我真佩服打麻将的人，那真叫用心来感受。

——海底捞员工谈麻将精神

【背景分析】

最先给火锅店起名的时候张勇想了很久，但一直没有想到一个满意的名字。这天，张勇仍被店名困扰，在一旁打麻将的妻子刚好和了牌，而且是最后一张牌，这样就赢得很多，在四川，这个牌面叫作海底捞。妻子看张勇还拉着脸想店名，就随口说叫海底捞好了。张勇一下子就相中了这个名字，火锅店就是这样得名的。

四川人喜欢打麻将，员工夏鹏飞将麻将精神注入了工作中，形成了海底捞独特的企业文化——麻将精神。

首先，打麻将需要的是团队合作，三缺一就打不成。海底捞每天的工作需要的也是团队协作，从外面的门迎到店内的服务，从厨房到收银，再到采购和保洁，这些都是不能分割的，要很好地对接起来才能提供优质的服务。

后厨上菜发现服务员太忙，没有把桌子清理出来，要怎么做？清洁人员遇上需要点餐的顾客，要怎么做？夏鹏飞拿打麻将的例子打比方，麻将牌掉在谁的脚下，谁都会顺手捡起来，因为这样才能更快地开始打，也就能早点赢钱。所以，在海底捞，每个人的工作都是和所有人息息相关的。

拿海底捞对传菜员的规定来说，从厨房出去的时候是上菜，回来的时候也不能空着手，要带回服务员撤下的火锅或者碗筷，等等。其他工种也有类似的合作规定。

第二，打麻将的人从来不会抱怨工作环境差，也不会觉得辛苦，但工作时人们往往很难做到这样。

第三，有人麻将打得久了，闭着眼睛都能打赢，因为他用心去记，每个牌面一摸就知。这也正是海底捞倡导的用心，比如顾客第二次来就能记住他们的名字，第三次来就能知道他们喜欢吃什么，只要用心没有记不住、学不会的东西。

第四，打麻将的人从来不会抱怨别人，输了也只会怨自己点儿背，决不从别人身上找原因。工作或者服务中出了问题，就要先从自己身上找原因。其实这样才真正掌握了主动性，因为问题在别人身上你是没办法改变的，但在自己身上你就能改变它，只要你愿意。

总结起来，麻将精神就是教给你怎么进行团队合作，如何在团队中处理好自己与他人的关系，以及自己与自己内心的冲突，达到团队合作的价值最大化。

【拓展透析】

一个人再完美，也只是一滴水，一个团队就是大海，把自己融入团队，才能永不干涸，更好地实现自己的人生价值。

管理者要让员工认识到，一个人只有融入团队，才能在团队的帮助下充分发挥潜能，达到个人业绩最大值，更快更好地实现人生价值。如果我们在工作中只知埋头单干，不懂得依靠团队的力量，那么我们的忙碌很可能只是低效率的蛮干。

在市场竞争中，有冲在市场一线的销售人员，也有在后方从事产品研发的技术人员和从事制造的一线工人。生产与销售，有如后方与前方，又有如军队的后勤保障与一线作战，是两个不可或缺的方面。

正是这样一个完整的链条，构成了企业参与竞争的全部家底。无论哪个结合部产生了矛盾，都会导致整条战线无法协同共进，工作的有效落实成为空谈，所有员工的忙碌变成空忙。

公司的良性运转需要每一位成员的主动投入和出色配合，无论你在企业中充当什么角色，你的每一项工作与同事的工作都有一个接口。这就意味着只有通过团队协作才能共同把工作做好。

管理者要不断向员工强调团队合作的重要性，促使每一位员工主动加强与同事之间的合作，提高自己的团队合作精神。要想促使员工提高团队精神，管理者可以向员工传递以下思想：

1. 主动交流。

2. 保持乐观心态。

3. 谦虚友善。

4. 坦然接受别人的批评。

5. 注重群策群力。

6. 既承认团队贡献，又肯定个人成绩。

7. 相互信任，坦率沟通，正视并解决问题。

8. 行动开始后，团队应该是一个整体。

甩手掌柜：雇了别人就别插手别人的事

　　我从不去考察竞争对手的经营情况，但会派属下去。我不是一门心思扑在工作上，一个月只会开几次会，平时在家休息带小孩，有空去旅游，你要是坐在我的职位上，会觉得做董事长真轻松真好。

　　既然你花那么多钱雇了人家，分了人家这个职务，你为什么要干人家的事情？犯错也该人家犯。

　　一个餐馆不论名气或者装潢，客人从进店到离店，始终只跟服务员打交道，所以餐馆客人的满意度基本掌握在跑堂员工手里。怎样才能服务好客人？那就是要善用这些在现场的普通员工，多发挥他们的才智。做法很简单，就是授权，给他们做决定的权力。这等于海底捞的服务员都是经理，因为这种权力在所有餐馆都是经理才有的。

　　我就享受到了授权的甜头，只有授权才是信任员工的表现，你可以通过制度来规范，然后它可以带来保证顾客满意度的好处，可以让你的员工觉得自己是主人，一些口头上的话就会变成现实。有些企业家说企业是大家的，但是实际上他并不信任你。我们也说企业是大家的，但是这些话我是通过授权把它实现，真正变成大家的。

——张勇谈管理授权

【背景分析】

被媒体称为"甩手掌柜"的张勇，对于海底捞似乎"不闻不问"。最近两年，他极少亲自去巡视各个分店，多半时间就是看书、旅游和打麻将。事实上，对于一个拥有82家餐厅、2万员工的管理者而言，不可能做到事事亲力亲为。张勇曾打趣地说道："这个企业现在是我们的，将来是儿子们的，归根结底还是那帮孙子们的嘛。"所以大部分的时间，他不会过多地过问海底捞的运营情况。

在"《中外管理》'管理中国'总评选"的领奖台上，当被问及海底捞的成功秘诀时，张勇的回答出乎所有人的意料："可能是我太太长了一张超级旺夫脸。"

颁奖过后，当记者向张勇询问海底捞的店面数量的时候，张勇竟然毫不知情，直到拨打了几个电话才辗转得知海底捞2010年的店面总数为52家，相比2009年增加了16家。挂了电话，张勇自言自语道："今年怎么新开了这么多店？"

很难想象，这个对海底捞知之甚少的张勇是红遍全国的海底捞的董事长。不像诸多安全感匮乏的管理人员，对于海底捞的许多事情，张勇选择放手让下属去做。如果连一棵白菜、一双碗筷都要自己去买，不仅仅造成运营上的低效，更是一种对员工的不信任。

对火锅店的运营，每一个店面的选址至关重要，但是张勇选择撒手不管，由全权店长负责，自负盈亏。海底捞的一线员工不用向大堂经理或者店长汇报，有权直接给顾客免单或者免费送一些小菜。

据说，IDG 的投资人曾向张勇了解海底捞的情况，询问一些类似羊肉采购地、一盘羊肉的重量等问题，但是张勇对此一无所知。可对于一些原则性问题，张勇又会"小题大做"，比如有一次，他看到店员免费送给顾客的橙子颜色不均、大小不一，他便亲自给顾客道歉，并严肃地批评了店长。作为一个管理者，张勇拿捏得很有分寸，可谓收放自如。这使得员工灵巧地游离在以张勇为核心的海底捞里。

【拓展透析】

"一问三不知"的张勇反倒使海底捞达到了"无为而治"管理境界。事实上，卓有成效的管理者不会事必躬亲，而是放权给下属。对于管理者来说，在给员工分配了工作任务之后，还不等人家完成就亲自动手是一个致命的错误。

把工作交给部下的最大好处在于：节约了管理者的时间。管理者将任务交给员工去处理时，他就会有更多的时间去处理别的更重要的事情。

授权可以提高管理效率，激发员工积极性，但为什么很多管理者不愿意进行授权呢？常见的原因有以下几点：

首先，也许可以把集权归结为传统小生产体制时代的产物，代代相传，今天我们的主管才会把"领导的职责"定位于此。

其次，管理者相信，对于这件工作，自己是唯一的胜任者，即使让下属完成也是一百个不放心。然而，真实的情况往往是管理者并没有真正把他手头的工作重新考虑，按难易程度排序，以确认有些工作是只有他自己才能做到的，而其他大部分工作并非如此。如果说下属的确给你"不能胜任这项工作"的印象，很可能仅仅因为你没有给下属机会让他们去做。还有，管理者不相信下属会完全领悟自己想表达的东西，把工作交给他们，结果自己不会满意，到头来还要自己亲自去做。

最后，管理者有时懒得费口舌向下属解释工作如何做，所以下属不知道该怎么做，自然也就做不好。如果你把工作标准化，你的解释并不麻烦，而且如果你不让下属做这一次，下一次他们又怎么可能做到使你满意呢？

但是种种原因实际上都是借口，这些理由都是难以成立的。有些管理者内心真正担心的不是下属做错事本身，而是怕被下属做错事所连累。这一类管理者一方面对下属欠缺信心，另一方面又不愿意为下属受过，所以有如唱独角戏那样凡事皆亲自操办。下属难免做错事，但若管理者能给予适当的训练与培养，做错事的可能性必然减少。授权既然是一种在职训练，管理者就不能因怕下属做错事而不予训练，反而更应提供充分的训练机会。

有些管理者因担心下属锋芒太露，或"功高震主"而不愿授权。但是从另一角度看，下属良好的工作表现可以反映管理者的知人善任与领导有方。其实，在授权的时候，倘若管理者划定明确的授权范围，注意权责的相称，并建立追踪制度，就不会发生这样的状况。

此外，"找不到适当的下属授权"常被一些管理者当作不愿授权的借口。每个下属都具有某种程度的可塑性，因此均可授权予以塑造。就算真的找不到一位可以授权的下属，仍是管理者的过失，因为倘若员工的招聘、培训与考核工作做得不差，又岂会有"蜀中无大将"之理？

其实，对于任何一位管理者，其管辖的工作大体上可分为五种层次：一是管理者必须亲自履行的工作；二是管理者必须亲自履行但可借助下属帮忙的工作；三是管理者可以履行但下属若有机会亦可代行的工作；四是必须由下属履行但在紧急关头可获得管理者协助的工作；五是必须由下属做的工作。在正常情况下，管理者对第三层次以下的工作应该授权下属去履行。

可见，授权并非不能，而是管理者自身愿不愿意的问题。在企业经营过程中，只有适度授权，你才能成为一个卓有成效的管理者。

主动犯错也是极好的

我不需要打工仔，我需要的是企业家。所以我的授权很大，我会让他去做看起来他不会做成功的事情，只有这样他才能改变，因为他没有专业知识，没有资金，没有人脉，只有一双手，他的命运只能靠自己来改变。虽然可能会因为他是一个小孩子，判断不够准确而造成很多损失，但还是坚持让他去做，我要让他明白管理是需要永远创新的。要授权我就一定不能去上班，上班我会被气死。做好也是他的事情，不是我的事情。我觉得这很好，我觉得每个企业都应该这样做。

——张勇谈把员工当合伙人

【背景分析】

张勇曾说："我不需要打工仔，我需要的是企业家。"在海底捞，每个人都不是打一枪换一个地方的打工者，而是自己未来事业发展的计划者。让员工产生这种想法并不是每天洗脑就可以的，而是要让他们真实地看到和感受到。

在海底捞，每个人都有掌握公司的权利，比如员工的免单权，管理层的签单权，每个人都有公平发展的晋升机制，除此之外，最让员工感受到自己为海底捞当家做主的就是员工的持股权。

2003 年，张勇以西安一个分店为试点，开始将公司股份作为奖励分配给员工，只要成为海底捞的一级员工就可以参与公司的分红，分红数目为营业毛利润的 3.5%，这也被称为员工奖励计划。两年后，这个计划在郑州有了第二个试点。之后，通过海底捞董事会的表决，每个城市只要有了 3 家店以上，便可以实施这项计划。

张勇所需要的"企业家"，是指员工要将自己置于企业家的角度思考问题。张勇不但要求海底捞的高层管理做到这样，也希望每个员工都能够把自己当成企业家，海底捞就是他给就业者提供的成为企业家的平台。在张勇看来，他可以做到的事情别人也可以做到，他只是在模仿别人的基础上进行了一些创新。

提到餐饮或者其他服务行业，除了"大当家"的，大部分人都被看作是打工仔，服务人员自己心里也是这么认为的。所以，员工内心并没有和公司产生很深的联系，假如有机会去工资更高、环境更好的地方，他们选择离开的概率就会很高。

在餐饮行业平均流失率近 30% 的情况下，海底捞的年平均流动率只有 10%；当别的餐馆都费尽心思招人、挖人的时候，来海底捞应聘的人却络绎不绝。

【拓展透析】

员工持股之后，海底捞对他们而言就不再单纯只是一个工作的地方，而是变成自己的一个企业，员工也成了张勇的"合伙人"。如此一来，海底捞的每个人都将竭尽所能去呵护它，带它长大。和张勇一样，把员工当作合伙人的还有美国零售大王山姆·沃尔顿。在他创办的沃尔玛公司，员工不是公司的螺丝钉，而是公司的合伙人，他们尊重的理念是：员工是沃尔玛的合伙人，沃尔玛是所有员工的沃尔玛。在公司内部，任何一个员工的铭牌上都只有名字，而没有标明职务，包括总裁；大家见面后无须称呼职务，而直呼姓名。沃尔玛领导者制订这个制度的目的就是使员工和公司像盟友一样结成合作伙伴的关系。沃尔玛的薪酬在同行业内不是最高的，但是其员工以在沃尔玛工作为快乐，因为他们在沃尔玛是合伙人，沃尔玛是所有员工的沃尔玛。

在物质利益方面，沃尔玛很早就开始面向每位员工实施其"利润分红计划"，同时付诸实施的还有"购买股票计划""员工折扣规定""奖学金计划"等。除了以上这些，员工还享受一些基本待遇，包括带薪休假，节假日补助，医疗、人身及住房保险等。沃尔玛的每一项计划几乎都是遵循山姆·沃尔顿所说的"真正的伙伴关系"而制订的，这种坦诚的伙伴关系使包括员工、顾客和企业在内的每一个参与者都获得了最大化的利益。沃尔玛的员工真正地感受到自己是公司的主人。

山姆·沃尔顿在总结自己的成功经验时说："和帮助过你的人一起分享成功是我成功的秘诀。"在他看来，与所有员工伙伴共享利润，是以合作伙伴的方式在对待他们，公司和经理通过这种方式，改变了与员工伙伴之间那种传统的关系，使得这些员工伙伴在与供应商、顾客和经理的互动关系中开始表现得像个合作伙伴。而合作伙伴是被赋予权力的一类人，所以员工伙伴会觉得自己也被赋予了权力，从而以更加认真和积极的态度来看待自己肩上的责任。

现在很多的企业推行"参与管理"，管理者如果真的希望团队管理有成效，就应倾向于员工参与或领导，因为这种做法能够确实满足"参与就受到尊重"的人性心理。成功团队的成员身上总是散发出挡不住的参与热情，他们积极主动，一逮到机会就参与。他们的无私奉献和热情建议不仅使团队的管理模式一步步趋向完美，更给企业创下了良好的收益。

玫琳凯化妆品公司创办人玫琳·凯说过："一位有效率的管理者会在计划的构思阶段，就让下属参与其事。我认为让员工参与对他们有直接影响的决策是很重要的，所以，我总是愿意冒时间损失的风险来这样做。如果你希望下属全然支持你，你就必须让他们参与，愈早愈好。"

亲自参与的成员永远会支持他们参与的事物，当大家的热情都投入到团队运作中来的时候，团队所展示出来的力量绝对是无法想象的。把员工视为企业的合作伙伴，这是员工最希望得到关系。把员工视为企业的合作伙伴，就能增加相互的协作，这样不仅员工能迅速成长，企业获得的效益也是巨大的。这种有效的方式，能使企业与员工实现双赢。

团队在拉你，你还不主动走两步？

　　我不仅学会了怎么对待新员工，怎样同别人成为朋友，还学会了使用电脑。

　　以前在家我只会带孩子，不知道怎么教育，也不会做饭。因此，我经常担心，像我这么笨的人，以后怎么生存，怎么把孩子养大？现在我不怕了，我在海底捞学会了好多好多。我庆幸加入了海底捞这个大家庭，我不会再为生存而发愁，不会因为没钱不能养孩子而发愁。我真是很感激你，海底捞！让我真诚地向你说声谢谢！

　　——北京八店张海霞感谢海底捞大家庭多年来的帮助

【背景分析】

　　如果海底捞的员工像一个木桶，那么短板的员工就是那最矮的一块木板。西安一店油碟房的吴阿姨就是这样一位短板员工，40多岁的她，虽然在海底捞任劳任怨，特别能吃苦，但是受教育程度低、年纪大也让她能胜任的岗位寥寥无几。在刚进入海底捞的几年里，吴阿姨一直都因为勤劳获得劳模奖，可随着海底捞的发展，人人都在进步，吴阿姨要想继续获得劳模奖就必须做到一岗多能，否则不久的将来，能否留下来甚至都是问题。

对于这样一位短板员工，西安一店的管理层没有选择弃用，而是由店经理出面和吴阿姨说明情况，进而全店所有人都帮助她，从认字和磅秤开始。吴阿姨回忆说："那段时间，整个一店的员工都是我的老师，从门迎到后勤，每个人都教我认字认秤。"吴阿姨身上随时带着经理给她写好的认字卡片，一有空闲时间就看。店长郭晶晶为了让吴阿姨能够尽快认磅秤，还用复写纸将磅秤图样放大，逐一在纸上标明。为了鼓励吴阿姨，郭晶晶甚至制订了奖惩制度，吴阿姨一个月内完成不了认字、认称，工资降一级；如果按时完成，会有奖励，完成得越早，奖励越高。

都说功夫不负有心人，吴阿姨在全体一店员工的帮助下，在半个月内就完成任务，不仅可以认秤，基本的字也可以认识，终于可以在其他岗位工作。在海底捞，还有很多这样的例子。海底捞对于短板员工不离不弃，这样的员工也是海底捞员工中最忠诚的。

【拓展透析】

一般来说，人们在谈论起海底捞的服务时，很容易因为那一两个短板员工而否定整个门店的服务。普通企业为了尽可能地提高员工素质，自然是抽掉短板，重新换一块。原因是企业家们没有耐心等待短板员工的成长和转变，希望每个员工都能立马上岗，根本不愿意给短板员工时间。而海底捞的管理层换了一种处理方式，那就是所有人都帮助那些短板员工，让他们尽快赶上来。粗暴地换掉短板员工，会让其他员工产生兔死狐悲之感。

在感动于海底捞不放弃短板员工的人性闪光点时，企业管理者也应该从中有所体悟，帮助和理解自己公司的短板员工。

20世纪70年代，美国著名学者艾尔·赫希曼针对发展不平衡问题提出了著名的经济学"木桶原理"。木桶的装水能力到底是由什么决定的？一个木桶是由许多木板组成的，如果是一个木板长度不一的桶，这个桶能装多少水，并不取决于长木板的长度，也不取决于各个板的平均长度，而取决于最短的一块木板以及木板之间的结合紧密程度。如果是一个木板长度相同的桶，装水的能力是由木板间的结合紧密程度决定的。

用木桶理论来解释影响团队关系的三个因素非常恰当。在影响团队的第一个因素中，决定团队整个水平的关键在于团队中那个能力最低者的水准；在构成团队的第二个因素中，个体之间的关系就好像各木板之间结合的紧密度，如果板条不能扎紧或是出现裂缝以及漏洞的话，那么这个桶也是装不住水的；在构成团队的第三个因素中，管理者就如同木桶的设计者和制造者，木桶能装多少水与他的关系非常紧密。

下面是华为总裁任正非先生的一次讲话：

在管理改进中，一定要强调改进我们木板最短的那一块。各部门、各科室、各流程主要领导都要抓薄弱环节。要坚持均衡发展，不断地强化以流程型和时效型为主导的管理体系的建设，在符合公司整体核心竞争力提升的条件下，不断优化你的工作，提高贡献率。

为什么要解决短木板呢？公司从上到下都重视研发、营销，但不重视理货系统、中央收发系统、出纳系统、订单系统等很多系统，这些不被重视的系统就是短木板，前面干得再好，后面发不出货，还是等于没干。因此全公司一定要建立起统一的价值评价体系，统一的考评体系，才能使人员在内部流动和平衡成为可能。比如有人说我搞研发创新很厉害，但创新的价值如何体现，创新必须通过转化变成商品，才能产生价值。我们重视技术、重视营销，这一点我并不反对。但每一个链条都是很重要的。研发相对用服① 来说，同等级别的一个用服工程师可能要比研发人员综合处理能力还强一些。所以如果我们对售后服务体系不予认同，那么这体系就永远不是由优秀的人来组成的。不是由优秀的人来组成，就是高成本的组织。

我们每个人都负有提升自己能力的责任，因为如果你安于现状，保持原有水平工作，那么你已经是在后退了。

现在很多公司都实行末位淘汰制，总是会把水平最低的那部分人淘汰掉。华为每年招聘的职工经过企业培训，其中的5%会因为评定成绩最差而被淘汰掉；可口可乐的销售人员中有8%的人因为业绩最低而被降级、扣除奖金或者被公司解雇……那种拿铁饭碗的时代已经一去不复返！

我们都明白是否有一个优秀的团队是公司与其他同行竞争的关键所在，而支撑这种卓越的基础正是我们自己的出色。

任何一个管理者都不希望员工出现拖后腿的现象，因为这就意味着他的团队需要清除出水桶中最短的那一部分。一个精英团队中势必每个成员都很杰出，只有这样才有可能在竞争中处于优势。

---

① 用服：指用户服务。——编者注

导向的力量：榜样的今天就是你的未来

　　在我看来，每个人都有理想，虽然他们中的大多数人来自农村、学历也不高，但他们一样渴望得到一份有前途的工作，希望和城市居民一样舒适体面地生活，他们也愿意为追逐梦想而努力，用双手改变命运。我要让他们相信：通过海底捞这个平台，是能够帮助他们实现这个梦想的。只要个人肯努力，学历、背景这些都不是问题，他们身边榜样的今天，就是他们的未来。

　　　　　　　　　　　　　　　　——张勇谈海底捞的榜样

【背景分析】

　　在海底捞没有偶像，但是有一群被人敬仰的榜样，他们和普通员工一样从基层做起，但经过磨难和奋斗后，他们成为海底捞大家庭的精英，管理着庞大的队伍，过着大家都希望过的体面又富裕的生活。不用张勇树立典型，他们自然地成了海底捞员工的榜样，比如袁华强。

　　2000 年，袁华强中专毕业，被学校推荐到了海底捞。面试没问什么问题，从小每年就没落下过农活的袁华强顺利通过了面试，成为一名传菜员。即使有过下地干活的经历，但每天跑来跑去对袁华强而言也不是件轻松的事。他咬着牙坚持了3个月，转到了门迎岗。袁华强不但干活积极，还能帮客人解决困难，特别是看小孩这种"苦差事"他干起来也得心应手。到最后小孩大人都和他成了好朋友，三天两头来找他玩。

之后他又被派去干了半年多的会计，这个时候，店里缺少一个领班，袁华强又被叫到这个岗位上当差。领班的薪水没有会计多，他心里很不舒服，怎么越干钱越少呢，袁华强动了辞职走人的心思。最后还是一个顾客开导他，告诉他领班是个管理岗，在这个位置上是很有发展前景的。

袁华强想通以后，就不停地努力，很快就成为店长。他开动脑筋，努力创新，在店里推广普通话和家政服务。鉴于他的出色工作，张勇把他调到了郑州做店长。但是这一次，求快心切的袁华强忘记了"求稳"，遭遇了重大的管理挫折，张勇把他痛骂了一顿。

袁华强再一次决定离开，张勇推心置腹地和他谈了一次，袁华强才又重新振作精神，总结失败教训，快速成长起来。最后袁华强成为北京大区经理，这一年他还不到30岁。

一个农村走出来的孩子，从基层岗位做起，6年时间成为大区经理，这听起来就振奋人心。杨小丽、林忆、谢英这些人也一样，他们不是英雄，不是偶像，却是激励员工往前走、对未来有信心的精神力量。

【拓展透析】

对于任何一个企业来说，员工都是最重要的资本。没有员工的努力工作，就没有企业的兴旺发达。员工的懈怠与松散是企业发展最大的敌人。因而一个企业不管其规模大小，要想长期生存、发展下去，就必须彻底改变员工工作上的懈怠情绪与纪律上的松散状况。专家韦恩·贝克认为，在企业中，消极的思想和行为更有可能导致集体的消极。相反，积极的员工，更能促进信息（包括不同观点）在公司内的传播。

只有自己能改变自己

我们招员工基本上是这种情况，就是能来的，只要
你身体健康就可以。而且我个人来讲的话，我是非常反
对年龄歧视、相貌歧视的。他要想过渡到领导岗位是需
要层层过关的，所以我们不是靠面试这一关，我们是看
你到了店里以后能不能由一个实习服务员升到二级，二
级升到一级，一级升到标兵、劳模，你是不是能够升到
这个位置上去，你要升到这个位置上才能够进入我的视
线范围。

——张勇谈选人才

【背景分析】

1998 年的夏天，一个农村女孩漫无目的地走在四川简阳街
头。她叫谢英，24 岁，一个 1 岁孩子的妈妈，初中学历，现在是
一名餐厅服务员。此刻她正盘算着辞职的事情——餐厅生意冷
淡，干了 4 个月才拿了两次工资。要是钱少工作氛围好，也能图
个开心，可是连工作氛围也不好，没有什么可留恋的。

餐厅的旁边就是海底捞，那里的工服是简阳最漂亮的。哪个女孩子不爱美，谢英一下子就被吸引过去了，成了海底捞的一名传菜员，没想到没工作一个月就拿到了工资。

当时的谢英只有 24 岁，但在海底捞已经算"大龄"青年了。她当时的工作是给同事们做员工餐。虽说生长在农村，但谢英之前从没有做过饭。不出所料，她做出的员工餐除了生的，就是糊的。员工意见很大，店长跟谢英说，再给她一次机会，做不好就卷铺盖走人。这句话吓得谢英每天半夜都在琢磨菜怎么炒饭怎么做，结果，她还真成功了。

那时海底捞在简阳只有三四家店，张勇会经常到各个店里巡视。每次巡到谢英所在的店时，他都发现这个姑娘不但能做好分内的事，还到处帮着切菜、洗漏勺、发毛巾。在知道谢英这样坚持做了两年后，张勇把她调到了厅里做服务员。

一天，张勇来到这个店给领班开会，谢英也接到了开会通知。她一时搞不清状况，心里扑通扑通直跳。事实上，谢英不但去开会了，还被张勇要求发言，之后的每次领班会上，都出现了谢英的身影。没几天时间，店长告诉谢英，要提拔她做大堂经理。

这一下子可把谢英吓坏了，一个做饭的农村妇女，怎么能当大堂经理呢。谢英自己坚决不同意，她不相信自己能干好。店长没办法，把谢英的意思告诉了张勇，张勇回答说："不行，必须做。"在"强迫"之下，谢英成了大堂经理。一年之后，海底捞在西安开了分店，张勇把谢英调到新店里继续做大堂经理。

西安开店的前两个月，谢英的工作做得并不好，最终被撤职，回到简阳海底捞店，做了仓管员。不过，每一段经历都是一种磨炼，都是在为未来累积经验。也许这是张勇有意对她的培养，谢英在这里学会了怎么保管物品，怎么摆放物品才能让拿取更方便，这也为后来她全方面地管理一个店面打下了基础。

3个月以后，谢英成为海底捞的内训师，担任培训新员工的工作，她的口才得到很大提升。半年之后，她重新被张勇提为大堂经理。西安的第二家分店开业了，谢英决定在哪里跌倒就在哪里站起来，她来到西安成为一名店长。如今的谢英已经成为北京海底捞的小区经理，简阳市长出差到北京，张勇隆重地给市长介绍了谢英——这个曾经在简阳做饭的女孩子，如今已经和丈夫、孩子在北京安家了。

【拓展透析】

有怎样的老板就有怎样的员工，企业文化其实就藏在日常工作的每个细节中。

张勇反对年龄歧视、相貌歧视，只要你足够努力、愿意吃苦就有机会成为海底捞的员工。

选人才时不应过度地关注相关经验，而应更看重智力水平和聪明程度超过所有其他因素。要注意搜寻那些懂得和谐理性地相处的人。合作很重要，作为整个工作流程中的一个单一个体，只有把自己完全融入团队之中，凭借团队的力量，才能完成自己所不能单独完成的任务。

第四章
每种不同的服务背后都有一个微创新

　　创新就是为了让顾客能多点头。如果你能让每个顾客都点头，你就很伟大了，因为你居然解决了"众口难调"的世界性难题。

创新不是处心积虑，而是妙手偶得

　　海底捞的创意性服务在业界和顾客当中是很出名的，其实，大多数都是员工提出来的。我们的员工都是天才！创新在海底捞不是刻意推行的，我们只是努力创造让员工愿意工作的环境，结果创新就不断涌出来了。没想到这就是创新。

——张勇谈员工创新

【背景分析】

　　海底捞的诸多创新并不来源于对员工定性、定量的考核，更像是自发性创造的结果。事实上，当一个人用心工作的时候，大脑的创造力是无穷的。张勇的经营理念是：让用心成为一种习惯，创新自然理所当然。

　　海底捞提倡创新，但不会刻意为了创新而创新。海底捞的所有特色服务创意几乎都源于员工日常的工作。员工看到顾客的手机沾上了火锅油，于是开始提供手机袋；看到顾客头发沾到碗里了，于是开始提供扎头绳；看到顾客眼镜上布满了热气，于是开始提供眼镜布;员工在拉面过程中增加些许技术动作,于是"发明"了"甩面表演"。

著名的"白板叫号"也是源自员工工作中的灵感。由于每天在海底捞排队等座的顾客特别多,叫号的员工嗓子都哑了,而不少顾客还时不时询问是否排到了自己的号。这种局面让西单店店长陈群兰十分困扰,于是她开始思考解决的方案,希望能改善这一情况,让工作更加有效。出于这样的目的,她在店门口放了一个磁性板,板上画着店内的区号分布情况,各个区号上对应着正在排队的号码。这样一来,顾客能够轻而易举地看到自己前面排着多少人,免去了服务员许多不必要的沟通。没想到,这个想法的反馈特别好,最后得到了大范围应用。"白板叫号"的创意应运而生了。

此外,有一个领位的服务员发现很难在等位区的茫茫人海中快速有效地找到顾客,每次都要同写号员进行沟通。他提议在快要排上座位的前三位顾客处摆放一盆小花。这个小小创意得到采纳后,不仅大大节省了沟通时间,而且还给顾客带来了愉悦的心情。

海底捞的创意无处不在。现在,每个店面里都有一个金点子排行榜。员工不断提出新的建议,经过众人讨论后,一旦可行便会付诸实践,进而在整个海底捞推广。正是这样的工作氛围使得员工能最大限度地发挥自己的热情与灵感,创意也就源源不断地涌现在顾客面前了。

【拓展透析】

员工在企业中的角色不只是机械地执行自上而下的战略，而是应该充分发挥大脑的想象力，提出自己的创意。海底捞的经验告诉我们，对于企业而言，一个员工的睿智心灵比他的双手双脚更有价值。

康奈尔大学商学院院长苏米特拉·杜塔说："贯彻执行企业的创新文化不是官僚式的烦琐手续，而是创造创新氛围，鼓励企业内部人人参与。"在创造性工作中，激励员工发挥最大潜能显得特别重要。

要对员工的创新行为给予奖励和激励，且二者都不能缺少。创新能力强的员工得到应有的奖励无疑会推动整个企业的创新进程。

物质方面的奖励似乎更直接一些，但也不能忽视了精神上的支持。管理者可以公开对员工的工作予以真诚的认可，这种看似微不足道的小事常常要比现金奖励更有效。

不过，任何事情都具有两面性，创新也是有风险的，敢于让员工去创新，就要敢于承担创新失败的风险，敢于接受员工创新过程中出现的错误。

让底层员工敢于讲出自己的观点，是公司创新环节中很重要的一环。总经理跟员工薪水不一样，但并不代表他们之间是不平等的，至少在形式和环境上应该营造一个平等的氛围，员工才敢把话讲出来。

成就大创意的往往都是不起眼的小想法

　　高标准、人性化的服务一直都是海底捞的金字招牌，在奥运商机面前，这一特色更应该继续保持。埋头务实做品牌一直是公司得以发展壮大的根本所在。

　　迎接奥运并不是一个点，这个点过去了，由此的行动就告一段落了，而是应该将奥运视作一个发展的平台，利用这次机会使海底捞既有的品牌再提升一个台阶。

——张勇谈创新

【背景分析】

　　2008 年北京奥运会举办前夕，张勇从新闻报道中得知将会有 500 万境外游客涌入中国。这个消息让张勇为之一振，他意识到奥运会势必会大大拉动北京的餐饮市场。为了抢占奥运商机，海底捞提出了一系列的应对之策。在奥运会正式开始之前，海底捞北京的所有分店开展 24 小时服务。为了让员工保持积极的服务状态，海底捞出台了一些激励性的薪酬制度，并将员工的工作热情作为店面考核的核心指标。

在"奥运餐饮"上，海底捞频出奇招，比如同"法国红酒文化中心"强强联合。在北京的西单、王府井、三里屯等多家海底捞分店中出现了"法国红酒文化中心"LOGO。

一个蓝、白、红三色的法式橡木酒桶立在大厅的醒目之处，上面展示了 5 款葡萄酒及法国红酒文化中心手册。除此之外，酒桶旁还有专业的法国红酒讲师为顾客耐心地讲解红酒知识，推广红酒文化。海底捞的这一创意之举不仅吸引了众多的眼球，大大增加了前来就餐的顾客数量，而且让更多的中国人以最实惠的价格尝到了真正的法国红酒。

海底捞的创新从未间断。随着智能通信工具的普及，海底捞开始采用 iPad 进行点餐。此外，为了满足现代商务人士的需求，海底捞在北京和上海的分店推出"视频会餐"服务。这种"视频会餐"服务需要在海底捞的"智真套间"进行，房间里摆放着 6 把椅子和几个长约 1 米的大屏幕。即使身处不同的城市，通过远程视频通信系统，顾客同远在千里之外的朋友、家人或者合作伙伴共进晚餐成为可能。身处两地的同事或朋友之间可以一起享用热气腾腾的火锅，好像围着同一张桌子面对面用餐一般。

【拓展透析】

海底捞的创新举动适应了消费者和市场需求，吸引了消费者的注意。审时度势、先知先变是海底捞在变幻莫测的市场竞争中获胜的关键所在。正如《孙子兵法》中所说："故战胜不复，而应形于无穷。"战胜对手的方式不能重复使用，只有不断变化，企业才能在创新的路上走得更久远。

知识是创新的源泉

内部的培训机构，我希望这个东西能够解决我们一些标准化的东西。因为有些政策的解读，有些制度的解读，每个人都有稀奇古怪的不同想法。希望通过这种培训，通过这种讲解，更大范围地统一他们的认识。

——张勇谈创办"海底捞大学"的原因

【背景分析】

在不少顾客心中，不管海底捞的服务有多优秀，员工有多努力，他们依然觉得服务员这个职业只是体力劳动，根本不需要拥有专业技能。这种说法虽然有些武断，但也的确是实情，海底捞的员工绝大多数只受过初中以下的学历教育。哪怕是海底捞的管理层，也有很多人是低学历。随着海底捞的逐渐发展，张勇意识到这样下去不是办法。管理层虽然基层经验丰富，业务熟练，但在管理学方面一窍不通，全靠经验摸索，根本没有系统学习过。

张勇决定先从管理层入手，首先是由公司出资，大区经理以上的高层全部参加 EMBA 课程学习，小区经理以上的中层参加

MBA 课程学习，张勇自己带头参加了长江商学院的 EMBA 课程。学习之后，张勇更加觉得海底捞员工整体文化水平不高是个严重的问题，因为随着海底捞的发展，必然会面临转型的问题，劳动力密集型的海底捞只是个庞然大物，但没有一点创新活力，只有学习型的海底捞才能一直保持领先地位。

为了彻底解决海底捞员工的学习问题，2010 年 6 月，海底捞创办了自己的培训机构，张勇霸气地把这所学校称为"海底捞大学"。这让海底捞员工欢欣不已，很多海底捞员工当初都是迫于经济压力没能完成学业，"海底捞大学"无疑给了他们再学习的机会，兴奋的海底捞员工称这所学校为"海大"。

如今的"海大"已经逐渐走上正轨，每个海底捞的员工都有机会定期参加培训，张勇也从各种渠道请来教授、学者、博士等高学历人才，给求知若渴的海底捞员工上课。都说海底捞员工凭着双手改变命运，如果再加上一颗学习的大脑，岂不是如虎添翼？

【拓展透析】

"海底捞大学"让海底捞员工感到兴奋，因为在公司，员工不再只是一味地向外输出自己的知识和能力，也能够输入更多的技能，这是一个收获和成长的过程。如今在找工作时，越来越多的人把公司是否有培训、培训的质量作为重要的参考标准。同时，培训也是企业批量培养人才的最好方法之一。

唯有细节才能动人

> 我觉得一家企业，一个董事长，就交代买一个篮球
> 都买不回来，那么我们的顾客需要东西的时候，我们员
> 工需要东西的时候，买得回来吗？
>
> ——张勇谈细节

【背景分析】

张勇是一个细致得甚至有些严苛的人。有一次，张勇同海底
捞的员工一起打篮球，无意之中发现有一只篮球破损了。于是，
他交代门卫："你和采购员说一声，让他买只新的。"但是，十天
过去了，张勇发现那个破篮球还是没有换掉。于是，他特意催了
下门卫。

一周后，当看到放在原地的破篮球，张勇发怒了："现在只是
要一个篮球，怎么过了这么久都买不回来？"事实上，在这件事
情上，采购员并没有什么过错。因为采购东西需要凭借采购单来
办理，而张勇只是通过门卫口头来传话，采购员觉得不合程序，
并未执行。

　　但是，张勇把这件小事看得十分严重。在他看来，采购员得到信息的时候应该第一时间申请采购单或者向主管请示。而采购员竟然对此事置之不理，这显然是缺乏工作热情的表现。如果员工以同样的态度对待顾客，那对海底捞将会造成极大的损失。

　　但正是张勇"小题大做"的风格造就了一个细致入微的海底捞。对于服务行业而言，细节往往最能打动人。

　　在北京，所有服务业的发票都是机打的，开票和出票需要一定的时间。大多数餐厅会在收银台办理收费和发票服务，一旦客流较多，难免增加顾客的等待时间。而海底捞将收银和开发票分开进行，因为并不是每一个在海底捞消费的顾客都需要办理发票，如果将收银和开发票分开，当有多个客户需要结账时，能够大大减少那些不开发票的顾客的等待时间。

　　海底捞的菜单也是别具一格。菜单采用彩色印制，左上角注明了桌号、包间、服务员等常见的项目，除此之外，细心周到的海底捞在菜单中增设了泊车号、顾客姓氏，以及特别需求等信息。更值得一提的是，为了更好、更快地处理火锅店中常见的加退菜问题，海底捞特别在菜单背后设计了一个"加退菜表格"。

　　而海底捞等待区中桌椅的摆设也不同于一般餐厅。七八十套成套的桌椅有序地摆放在厅中，每张餐桌都配有 3 张软面的凳子。顾客可以在等待区尽情享用免费的饮料和零食。

【拓展透析】

　　许多企业想树立品牌形象，却很少像海底捞一样真正关注关键的细节。其实，对企业来说，只有做足每一个细微之处，才能在市场竞争中取得成功。所谓细节决定成败。一心渴望伟大、追求伟大，伟大却无了踪影；甘于平淡，认真做好每个细节，伟大往往会不期而至。

美国诺顿百货公司可谓是百货业中注重细节服务的典范。诺顿的员工都是零售超人，他们会不时找机会协助顾客。他们会替要参加重要会议的顾客熨平衬衫；会为试衣间忙着试穿各式各样衣服的顾客安排餐点；会替顾客到别家商店购买他们找不到的商品，然后打七折卖给顾客；会拿着各种可供选择的衣服和皮鞋到懒得出门或不能抽身到店里购买的顾客面前；会在天寒地冻的天气里替顾客暖车，会替准备赴宴的顾客紧急送去衣服，甚至会替把车子停在店外的顾客付罚款单。

其实，诺顿的成功没有独特的诀窍，只是提供了很多竞争对手没有关注到的服务细节。它很亲切，能让顾客每时每刻感受到它的关怀；它也很自然，并不妨碍顾客的活动，却在需要时及时有效地帮助顾客。细致服务是企业与众不同的基础，也是企业获取竞争优势的基本条件。

因而，对于企业来说，树立以细致服务为导向的观念是非常重要的。意识到这一点后，管理者才能采用新的营销方式和服务方式去打动顾客。

没什么不能创新，包括烦人的调查

　　如果等结果出来才知道哪个店不好，然后找原因，这样的话，我不如在过程中发现问题，就可以避免不好结果的发生。

　　海底捞对管理层巡店有流程的规定，但是不管用。不是他们达不到流程的规定，而是总超出流程的要求。海底捞的管理层如果不开会，整天都在店里。因为我们的管理层都是服务员出身，像我一样不习惯用数字和报告管理企业，更习惯于现场办公。

——张勇谈巡店

【背景分析】

　　巡店的习惯张勇一直保持到现在。在海底捞创办初期，店面还不多，张勇巡店很勤，他也喜欢巡店。因为火锅店的生意怎么样，不是几张报表就能够说清楚的，经营中出现的问题也不是销售数字能反映的。不过现在张勇已经远远不及大区、小区经理巡店的次数。

　　海底捞的考核指标不是管理人员在办公室里评估的，而是通过走动式的巡店来考察。

　　负责人在巡店时会对各个店进行评级，最高级是一级。被评为一级店后，该店店长就有权力培养新的店长，也有机会竞选小区经理。而小区经理要想继续升为大区经理，就要保证五分之四的直接下属在规定时间内有进步，比如手下的 5 个二级店有 4 个升至一级店。

　　巡店时一个重要的考核标准就是顾客满意率。很多餐馆的顾客满意率是通过客人填写调查表得出的，这在海底捞绝对不会出现。

　　在张勇看来，一方面顾客可能不喜欢这种调查，另一方面，客人可能会碍于情面填写虚假信息，这样不但没得到真实的信息，还可能降低顾客的满意度。

　　所以，张勇直接将自己创业时巡店的方法教给了手下。小区经理先去巡店，与各门店店长沟通客人满意度方面的问题，做得好与不好的各方面都要了解。在经过小区经理的认可之后，小区经理的上级以及其他小区都会有人到店来巡视和检查。最后，海底捞总部技术工作的负责人也会来店里，他们主要是负责指导工作。

　　海底捞对管理层巡店的次数和流程都有规定，但是他们一般都超额完成，因为巡店能够掌握手下工作的第一手资料，掌握新的发现或者问题。晚上 8 点，吃饭的高峰期，小区经理会到各个店看看员工的服务、效率等工作情况，10 点之后，用餐的客人渐渐散去，店长们开始整理一天的工作。小区经理要经常和店里的员工深入交谈，也可能会跟着他们一起开会，了解一天的情况。

巡店结束，经理们就回到办公室，查收一天的邮件等，完成张勇布置的工作日志，及时对当天的问题做出总结和应对，也为新一天的工作做好计划。一个巡店流程下来差不多要半夜了，不过，他们已经适应了这种节奏。

【拓展透析】

张勇为何提倡走出办公室去办公，走到现场去办公？最重要的原因是坐在办公室里想出来的办法和制度容易陷入"纸上谈兵"，真正的问题只有到现场去看才能发现，而只坐在办公室里的管理者也容易变得官僚主义。

管理者绝不仅仅是坐在办公室发号施令的人，走动管理体现了上级对下级或对客户的一种关怀。通过面对面的接触，管理者常常可以更好地对下级进行指导，同下级直接交换意见。特别是能够听取下级的建议，了解下级遇到的各种问题，从而能更有效、更及时地采取相应的措施。随着社会的发展，走动管理风格已日益显示出其无与伦比的优越性。

警告：考核"创新"就没法创新了

后来公司大了，当我们试图把创新用制度进行考核时，真正的创新反而少了。因为创新不是想创就能创出来的，考核创新本身就是假设员工没有创新的能力和欲望，这是不信任的表现。

授权之后，也有人贪污，但是我一直不想改变这个制度，因为大多数人都是值得信赖的，我的员工在获得信任和平台之后，他们成长得很快。

——张勇谈创新

【背景分析】

每个企业管理者都想让自己的企业充满活力，富有创造性，可多数企业家在实际操作中，却死死攥住权力，生怕员工因为经验、知识等储备不足，发生错误。也许在这些企业管理者眼中，创新只是结果，根本不明白创新其实是个不断犯错再学习的过程。

海底捞在创新过程中，花样众多的创新服务让顾客感到贴心、新奇，印象深刻。众所周知，海底捞的创新服务不是张勇更不是管理层想出来的，绝大多数都是基层员工的想法。为什么海底捞的员工这么富有创造力？难道海底捞的员工与众不同？其实员工都是一样的员工，海底捞员工的受教育程度甚至比普通企业员工更低，关键在于管理方式的不同。在大多数企业中，基层员工很难参与到企业创新中去，那是所谓的科研人员的"特权"，而张勇却选择了相反的做法，他不仅小事让员工参与，甚至大事都放手让员工去做，对员工完全信任，而且即便创新失败了，他仍然鼓励员工，从不一味指责。

就拿引进可乐机来说，这也是海底捞基层员工的提议。当时海底捞的员工一直都羡慕麦当劳、肯德基等快餐大佬的可乐机，觉得既方便又可以多赚一份钱。管理层听说之后，觉得挺好，便引进了可乐机设备，尽管一套可乐机设备超过百万元。结果，可乐机设备根本无用武之地，首先是难以记账，顾客排队购买太麻烦，若自取，就会存在记账困难等问题；其次是需要的机器成本太高，是一桌一台还是一店一台。最终，这个创意被撤了下来。

面对这个失败的创意，是苛责提出创意的员工还是拍板引进的管理层？毕竟上百万元不是小数目。可是，海底捞的做法是没有追究任何人的责任，损失完全由公司承担，而且张勇还一如既往地鼓励员工创新，继续信任基层员工的创新能力。或许，张勇这种对于员工百分之百的宽容，才是海底捞创新能够层出不穷的原因。

【拓展透析】

苹果教父史蒂夫·乔布斯说得好："创新的过程中，有时总会犯错。如果不犯一些错误，你改变不了世界。"张勇肯定也明白这个道理，所以他才能如此信任他的下属、他的员工，彻底激发海底捞员工的创造性。与多数老成持重的中国企业不同，美国公司就是以鼓励创新、包容犯错而著称。

德鲁克说："越优秀的人越容易犯错误，因为他经常尝试新的事物。"德鲁克认为，不犯错的人必然不是最优秀的人，犯错是优秀人才成长中的必然现象。管理者应该容忍失败，失败往往是创新的开始。企业的成功不是从天上掉下来，而是从失败中来，从创新中来的。

时代华纳公司的已故总裁史蒂夫·罗斯曾说过："在这个公司，你不犯错误就会被解雇。"硅谷流传的名言是"失败是可以的"，"允许失败，但不允许不创新"，"要奖赏敢于冒风险的人，而不是惩罚那些因冒风险而失败的人"。这些鼓励创新、允许失败的言论已经成为一种理所当然的创新理念。

美国商业机器公司的一位高级职员，由于工作的严重失误，造成公司高达1000万美元的巨额损失。这位高级职员为此寝食不安，异常紧张。许多人建议董事长给他撤职开除的处分。

董事长将这位高级职员找到办公室来，通知他调任同等重要的新职位。这位高级职员感到万分意外，问："为什么不将我开除，至少降职？"董事长答："要是那样做，岂不是在你身上白花了1000万美元的学费？"

后来，这位高级职员在工作中兢兢业业，以惊人的毅力和智慧，为公司做出了卓越的贡献。有一次董事长提起这件事时说："一时的失败是企业家精神的一种'副产品'，如果给予信任，他的进取心和才智可以大大地被激发出来，完全可以超过未受过挫折的人。"

对于优秀的人才来说，挑战和创新才是工作的常态，没有人喜欢在一个不允许失误的环境中工作。而员工能力的发挥和潜力的挖掘需要一个宽容的工作环境。只要管理者能够鼓励员工冒险，并允许失败，员工一定会用出奇的创新来回报企业。而企业的成功就是在创新成果不断叠加的基础上获得的。

第五章

优秀的服务从来不是只有服务而已

不懂才艺的厨子不是好侍者。

服务不只是端盘子倒水

我们会做培训，有一些培训项目大家听了可能觉得匪夷所思。比如我们会培训员工如何使用自动取款机，得了感冒之类的小病，怎样去看病买药。

这些培训都是很必要的，海底捞的员工大部分来自农村，来到高楼林立的大城市，他们对这里很陌生，不熟悉，很多人会发蒙。城里的人病了，知道去药房买药，而且他们有基本的医药常识。但是海底捞的很多员工就不行，在北京、上海这种大城市，得了病都不知道去哪里看，这里几乎没有小诊所，去一趟大医院很麻烦，而且看个感冒都要花几百元。

我们经过培训，我们是"正规军"，不是临时拉起来的"雇佣军"，更不是"游兵散勇"。

——张勇谈正规培训

【背景分析】

初到一个新的工作环境，人都或多或少有些孤独，希望能够快速地融入环境，被周围的人接纳。因此，有新人加入，海底捞会组织新员工在一起相互认识，尽快熟悉起来。为了让他们不感到陌生，实习的时候，公司会将同一时间进入的新人安排在一起，从吃饭到开会都是如此。这样，新员工就会很快从孤独中走出来，尽快适应海底捞的生活和工作节奏。

对新人来说，海底捞的工作强度并不小，为了让他们循序渐进地进入角色，培训负责人会亲自给每个人下通知——新人可以比其他人早走一到两个小时。下班后新人单独吃饭，负责人会给每个人准备好桌椅板凳和饭菜。

在新人适应环境的同时，规范和制度的学习也开始了。一个新手在工作上和一个老手最大的差距就是熟练和专业，熟练是需要长年累月的积累的，而专业可以有意训练。所谓专业，也就是对员工进行专业的训练，让他们感觉到自己是正规军，进而用专业的态度对待工作。

海底捞的新员工每天要上6个小时的课程，学习内容是工作期间的行为规范，比如女服务员上班前要化好淡妆，所有人上班时间不能携带手机和接打电话，有顾客在场的地方不能有打喷嚏、伸懒腰等不雅动作，等等。

作为服务行业，服务专业标准的培训就不用说了。另外，还有对于员工生活的培训，比如怎么看地图，怎么在ATM上取款，等等。

正规军的培训并不止步于新入职阶段，即便是管理层，张勇也要将他们打造得更为"正规"。北京小区经理谢英就经历了这样一番被打造的过程。2002年，她还在西安做大堂经理的时候，接到张勇的通知说要学习打字，每分钟 30 字以上，之后又增加到 40 字以上，另外还要求将每天的工作写成日志。这可难坏了谢英，她不但对电脑一窍不通，每天也忙得要命。

但有的时候就是这样，事情越多，时间越紧，工作效率却越高。谢英每天回到家就趴到电脑前练习，结果不但达标，还超额完成——每分钟能打 60 个字。

谢英的下一个目标是成为小区经理，但是张勇又定了一条规定，当小区经理的条件之一是要有驾照。那时候，北京对谢英来说就像个迷宫，坐车都找不到路，更不用说开车了。不过，像以前那些看似不可能完成的任务一样，这次谢英又达到了张勇的要求，当开着车在北京各个海底捞分店巡店的时候，谢英知道自己越来越接近一个正规而又合格的管理者了。

【拓展透析】

有人把培训看作一个洗脑的过程，其实每个行业、每个公司都有自己的行为标准和制度规范，越快融入其中的人越能最快地发挥自己的价值。海底捞的员工在成为店里的一分子之前，基本都是从农村出来的农民，没有什么规矩和制度的概念。对于这样的员工，培训他们把自己当成"正规军"就显得更加重要。

要使员工们愿意学习，管理者首先应向他们表明，培训将使他们在掌握技术和提高收入方面、在晋升机会或工作保障方面，得到应有的回报；告诉他们为什么要以这种方式做某件事。

多数员工在学习中会遇到某种困难，有些人对问题理解得快，有些人则要花费很多的时间和精力。员工们学得快时要给予表扬，当他们遇到困难时要给予鼓励，反复向他们讲解应如何去做。告诉他们，别人在学习这一部分工作时也遇到了困难，但不久之后都能凭借自己的努力找到窍门。

有人说："过于精明能干的上司，不易培养出好的下属。"因为，经常让下属看到上司高水准的一面，易使下属产生退缩心理，颓废丧志，并降低其学习的兴趣。管理者在刚开始培训时，对下属不要有过高的要求或期望，并尽量表现出身为上司的你也可能失败。换句话说，应先以次等的目标来要求下属，然后才能使之循序渐进。

破坏一个人的信心动力以及延缓学习过程，最好的办法之一就是去做一名没有耐心的指导人员。因此，管理者在培训员工时，一定要有耐心，解释、解释、再解释，直到每个人都理解。不要使员工紧张，紧张会造成慌乱，妨碍他清醒地思考，实际上是终止了学习进程。记住，新员工并不需要你施加压力就已经相当紧张了，人力资源部门告诉他们的那些东西已足够让他们的头脑混乱不堪，他们需要的是放松和头脑清醒，只有这样才能吸收工作内容。因此，作为管理者，你应该使他们放松下来。

追求品质：高大上的服务都是有料的

在变声期，我的声音变不过来，这事很重要，可以说奠定了我思想的基础。你嗓子说不出来，别人就会笑你。一笑你就会自卑、紧张，根本不敢去跟女孩子交往，到现在我还不会跳舞，那个时候流行歌曲已经进来了，我也没办法学。

后来我找到一个好地方，县图书馆。20 世纪 80 年代以前我们的思想是禁锢的，图书馆里只有一些高、大、全的东西。而从 1983 年到 1984 年，现在常见的一些书，比如泰戈尔的作品，和那些史学类、诗歌类的书籍大量涌进各个县城的图书馆，我们甚至经常讨论民族性、人性问题等。那个时候懵懵懂懂的，一看到那些书，脑袋里面一下子接受了那种平等的价值观。

什么教育给你什么思维，如果你接受的教育是传统的那种，你对打工者的看法就是传统的，这个跟管理没有关系。为什么我就能做到员工有什么事情，我都很真诚地去管，跟思想、跟价值观有关系，也就是跟十四五岁时的那一段经历有关系。

——张勇谈学习经历

【背景分析】

在张勇的记忆中，从小到大，他只动过一次拳头，就连这仅有的一次打架经历也只是去充人数。即便如此，这毫不妨碍他成为孩子王。在那个温饱问题都尚未解决的年代，能让张勇出类拔萃、引以为豪的，除了拳头，就是知识了。张勇曾对媒体坦言："不知道为什么，别人总是听我的。"

张勇成长于四川简阳的一个普通五口之家，妈妈是一名小学教员。或许由于这个原因，家里常年订阅《少年报》和一些儿童读物，张勇爱看报的习惯就是那时候养成的，一直到今天也没有变过。除了看书看报，张勇还特别喜欢听收音机。当别的小伙伴在外面玩耍的时候，张勇会一个人躲在屋子里听广播。

十四五岁的时候，张勇遭遇了从小到大最大的尴尬——青春期变声。那个时候，张勇说话的声音不男不女，这使得他遭到同伴的嘲笑。从小就是孩子王的张勇对此十分苦恼，但是阅读帮他找到了出口。于是从那时起，他很少说话，常常一个人躲在简阳县城的图书馆里看书。和所有青春期的孩子一样，他喜欢武侠和言情小说，便一口气把它们读了个遍。嗓子还没变好，他便继续躲在图书馆里读书，柏拉图、亚里士多德、苏格拉底、尼采，所有的西方哲学著作都成了这个少年最好的陪伴，而《第三帝国的兴亡》甚至被他翻阅了三遍。

和张勇同住一个大杂院的有一个经营旅店的经理。当其他孩子忙着玩游戏的时候，张勇却和比他年长20多岁的旅店经理谈天说地，探讨时事。这位见多识广的经理也把张勇当成自己的忘年之交，每次坐在院子里喝酒的时候，就会找张勇陪他坐坐聊聊。曾经有一次，经理甚至提出要在下次出差的时候带着张勇去看看外面的世界。

显然，书籍、广播、同长辈的交谈让张勇拥有了超乎同龄人的眼界和思维。青春期正是塑造人生观、价值观和世界观的关键时期，张勇的意识、思维和心态正是在那个时候得以成型，并在海底捞的管理中发挥得淋漓尽致。张勇的知识与见识成就了海底捞的真诚服务和人本管理。

【拓展透析】

张勇所拥有的知识对他的思维方式与行为模式有着巨大的影响。知识反映的是一个人对周围社会和事物的观察、思考，意味着一个人对事物认识的维度，即深度、高度和广度。对于个体的成长而言，知识具有至关重要的意义。同样的，知识管理对于一个企业的发展也具有不可忽视的作用。

始终学习：唯一不用努力就能获得的是年龄

生意不好，可以慢慢做；但人不学习，不行！你这么年轻，什么都能学会！

他们很多人都哭过，只是不当客人的面哭。这么苦、这么累，又背井离乡，谁能一下子适应？那些忍受不了的都走了；留下的，哭过后就开始笑了；所以，你看到的就都是笑的了。

——张勇谈学习和坚持

【背景分析】

有人说过这样一句话：世界上唯一不用努力的事情就是年龄。所谓努力就是不断地学习和不停地坚持，凡是在海底捞留得住的人没有一个是不努力的。

杨小丽曾被派到西安管理一家海底捞与公家合办的分店。公家有股份在里面，自然就想参与店面的管理。虽然是店长，杨小丽为店里置备点公物还要经过他们的允许；每当她团队建设做得正好的时候，他们的一个命令可能就会让她之前的努力前功尽弃。

杨小丽心里充满了怨气，又加上张勇总是要求管理层多学习，指定书籍给他们看，每天还要写工作日志，还要学习电脑，这对于只有初中学历的杨小丽来说简直比登天还难。

多重压力让杨小丽产生了退缩的念头，她给张勇打电话请辞，因为觉得自己实在没有能力干好这份工作。在与公家合作这件事上，张勇给了她充分的支持，断然要与公家分开，但是对于学习知识这件事，张勇丝毫没有松口，在他看来，生意可以慢慢做，但不能不学习。

面临这样难题的并不是只有杨小丽一个，海底捞员工的学历水平普遍不高，让他们看书，学高科技的东西，比服务好一个客人还要难。但是张勇并没有放弃，他一直坚持要求管理层学习，并把这些作为晋升的条件。

就这么逼着、推着，像杨小丽这样的管理层终于学会了打字，习惯了写工作日志。到了一定的时机，量变终会实现质变，很多高管的能力都有了极大提升。

杨小丽总结说："是金子到哪儿都发光，做事就在于坚持，坚持就是胜利，坚持就是人民币，冲走的只是沙子，留下的才是金子。"这句话后来成为很多员工激励自己的格言。

尽管张勇没有给普通员工制订学习的标准，但这种学习和坚持的精神在海底捞随处可见。在海底捞，你找不到脚上没长过泡的服务员，找不到手没烂过的刷碗工，找不到腿不肿的前台。在海底捞他们学会了怎么和同事成为朋友，怎么帮助新人，怎么打扮和爱惜自己，怎么享受生活，怎么教育孩子，怎么照顾家庭……这是他们待在农村，没有进入海底捞之前从没想过的。

【拓展透析】

年轻的时候，张勇督促自己学习，有了海底捞团队后，他就监督着高管和员工们学习。伽利略有一句名言："你无法教人任何东西，只能协助他从内心去发掘。"你是一个培育者，而不是教师，给人们提供发展的机会，让他们发觉自己本身既有的天资就行了。管理者应给员工提供培训的机会，鼓励员工读书，给员工提供发展空间，并让大家有机会在其中成长。

有所作为的管理者应该向通用学习，在自己的企业建立学习型组织。善于不断学习，这是学习型组织的本质特征。所谓"善于不断学习"，主要有 4 点含义：

1. 强调"终身学习"——组织中的成员均应养成终身学习的习惯。

2. 强调"全员学习"——企业组织的决策层、管理层、操作层都要全心投入学习，尤其是经营管理决策层，他们是决定企业发展方向和命运的重要阶层，因而更需要学习。

3. "全过程学习"——学习必须贯彻于组织系统运行的整个过程之中。

4. 强调"团队学习"——不但重视个人学习和个人智力的开发，更强调组织成员的合作学习和群体智力（组织智力）的开发。在学习型组织中，团队是最基本的学习单位。

学习就是生产力，让员工坚持学习，他们才能具有更强大的生产能力，你的企业才能获得更大的经济效益。

双手改变命运

　　海底捞的企业文化就是双手改变命运。关心员工成长是我们过去十几年的原则，基于自己的理想，我们提出了双手改变命运，我想这是放之四海而皆准的。多年来我一直在创造这么一个平台，在企业里弘扬这么一个东西。

　　餐饮是一个充满竞争的行业，消费者体验至关重要。我们在很早的时候就非常重视顾客满意度，而顾客满意度是由员工来保证和实现的。所以，我们确立了"双手改变命运"的核心理念来凝聚员工。想借此传达的是，只要我们遵循勤奋、敬业、诚信的信条，我们的双手是可以改变一些东西的。员工接受这个理念，就会认可我们的企业，就会发自内心地对顾客付出。我们在服务上的创新都是员工自己想出来的，因为他们深受"双手改变命运"这个核心理念的鼓舞。

　　一个无法回避的事实是，我们绝大多数员工来自农村，他们有一个共同的特征就是没有受到良好的教育，因此不可能像公务员和白领那样过上体面的生活。在陌

生的城市，他们几乎没有任何有效的方法受到这个社会
的尊敬，所以他们必须竭尽所能去改变。否则，一辈子
都要在社会最底层，他们的后代也将重复同样的命运。

——张勇谈海底捞的人力观

【背景分析】

"坚持下去，用双手改变命运"是张勇的座右铭。在张勇看
来，勤劳的双手和积极的心态是能够改变一些先天不足的东西
的。事实上，正是这个贯彻始终的信念让一批又一批未受过良好
教育的青年转变成务实能干、举止得体、热情真诚的员工，从而
牢牢抓住了顾客的心。张勇之所以对"用双手改变命运"的信念
如此坚持，是因为他很早就认识到贫穷的可怕。

小的时候，张勇有一个很好的玩伴，不过他的这个朋友是个
傻子。20世纪90年代的时候，傻子爸爸所在的农机厂破产后，
便借口去深圳打工抛弃了傻子和他的妈妈。傻子妈妈为了维持生
计，就在农机厂的门口摆了一个烟摊。后来，一个农机厂门面的
承包商说傻子妈妈的烟摊挡住了他的生意。就这样，一个妇女带
着一个傻儿子，无依无靠，彻底失去了生活来源。傻子的妈妈向
亲戚朋友借钱，可是没人愿意帮助他们。人到了走投无路的时
候，所能做的一切可想而知了。在一个小山坡上，傻子妈妈拿出
了两包老鼠药，她满眼噙泪："儿子，吃方便面吧。"傻子什么也
不知道，他乐呵呵地打开竹子水壶，就着水把"方便面"吃了
下去。

这件事让张勇深有感触，他意识到如果不竭尽所能去改变贫穷现状，贫穷将给人带来绝望，甚至是死亡。这样的观念也被成功移植在海底捞的员工心中。海底捞的绝大多数员工文化水平较低，社会地位较低，所以张勇一直鼓励员工用双手去改变自己的命运。在这种观念的引领下，发生在海底捞的改变不计其数。

北京八店的张海霞是在 2006 年加入海底捞的。以前她连小饭馆都没进过，对火锅也知之甚少，甚至连基本的菜品也只认识三四个。刚来的时候，她不知道同事是什么，事情也做不好，总是提心吊胆地害怕自己被淘汰，担心没钱供养孩子。慢慢地，在店长和同事们的帮助和鼓励之下，她在海底捞学会了坚持与努力。现在的张海霞已经懂得如何和同事相处，懂得操作电脑，对各种菜品更是熟稔于心。

在海底捞上班虽然辛苦，但张海霞干劲十足，对生活燃起了信心与希望。以前为生计愁眉不展的张海霞现在甚至开始懂得照顾自己和享受生活了。休假的时候，她不再待在家里睡懒觉，而是出门和朋友一起打球、逛街。

【拓展透析】

在一个人发展与成长的过程中，环境、机遇、学识等外部因素固然重要，但更重要的是自身的努力。只要勤奋、努力、坚持不懈，就算是行动迟缓的蜗牛也能雄踞塔顶。成功不能单纯依靠能力和智慧，更要靠个人自身的勤奋进取。

优秀服务赚的都是未来

如给客户退菜，对于我们来说，食材成本是很低的，所以一定不要因为这么一点成本跟客人发生冲突。一些人都只算自己的账，不算员工、同事、顾客的账，所以合作者只会越来越少。

做生意一定是要赚钱的，只是不能太短视，不能只是说这一单赚了多少钱。比如说顾客吃火锅，都喊咸了，这时我们应该给顾客免单的。因为顾客消费你的产品是一个不合格的产品，这个损失一定是要由商家承担的。

——张勇谈换位思考问题

【背景分析】

人都是自私的，资本更有追求利益最大化的天性，站在这个角度来看，海底捞的一些做法好像有悖于常理，比如海底捞专门为排队的顾客设置等候区，而一般餐厅恨不能多摆几张餐桌，更不可能提供免费的零食等服务；至于餐厅可以退菜，更是闻所未闻。

举个在普通餐馆里时有发生的例子：吃饭吃到头发。一般的餐厅多是服务员上来道歉，然后这事就过去了；遇到有点执拗的顾客，多半餐馆会撤掉这盘菜，重新再上；顾客不依不饶，再遇上个明事理的老板，这顿饭才能免了单，最后顾客也受了一肚子气走了。

在海底捞，要是真在菜品里发现了头发，那可是相当于重大事故，不仅仅是当事服务员、配菜员受处罚，甚至店长也要遭殃。或许拿火锅锅底咸淡的问题作比较，才是同等严重程度的问题。像锅底咸淡这种众口难调的问题，只要一桌顾客中的大多数认为咸了，服务员就会免单，就是这么简单，不需要找店长，更不需要面红耳赤地争吵。

海底捞的这一做法不禁让同行们觉得难以理解，要是遇到心存恶意的顾客岂不是会遭受损失？但张勇认为，这种方式也许会在一时损失一些钱，但因为店里给客人提供了更高质量的服务，最后换回的不仅仅是一桌客人。而且可以相信，这桌客人以后都将是海底捞的忠实客户，自发地为海底捞宣传。

【拓展透析】

赚钱，是商人做生意的动力之源，正因为如此，个别不良企业才会不惜以牺牲产品或服务质量来换得短期利益，这种做法最终会失去顾客。因为对质量负责就是对顾客负责，对顾客负责就是对企业负责。这里面的道理很容易理解：只有赢得顾客，企业才有发展的空间。如果企业不能把好质量关，必将遭到顾客的抛弃。

第六章
危机来临，那就换种方式服务

人觉得最悲惨的事情是：危机来了，人却只能眼睁睁地看着；危机觉得最悲惨的事情是：它来了，人却把它变成了生机。

除非是糟糕透了，否则都有转机

　　海底捞创业时，我们靠 4 张桌子起家，一直觉得，前三个月可能生意不太好。但是其实我觉得中国市场挺好的，你只要敢做，20 世纪 90 年代初期，你做什么都能够赚钱，它不是说你要靠什么管理呀，靠品牌，都没有。那个时候我觉得是求大于供，你只要不是特别糟糕，我觉得就会逐渐顺利起来。

　　我们从 90 年代中期生意好起来之后逐步就比较正规了，再加上餐饮这个行业是蛮低端的，因为它的管理很原始，从业人员可能对这个规划管理的意识不像制造业，或者是高科技行业那么强烈，一般的竞争对手可能就在这方面研究得晚一些，我们就研究得早一些。在这个市场你做得比人家稍微好一点，你的生意就会一直很火爆，我想不起来我有什么艰难的时候，没有，从来没有遇到过。

——张勇谈创业困难

【背景分析】

在张勇看来，海底捞的创业过程似乎从来没有遭遇过什么困难。或许，张勇天生就具备超乎凡人的复原能力，所以对于他而言，世上根本不存在"艰难"二字。事实上，张勇的创业之路并不是一马平川、畅通无阻的。

1988 年，张勇从技校毕业之后，被分配到四川拖拉机厂的车间工作。但是，他对此根本提不起兴趣，总是趁着闲暇之余寻找创业机会。有一次，他偶然在成都发现了一种"押大小"的扑克机游戏。张勇心中一动，拿着东拼西凑的 5000 元去购买扑克机。然而，在去成都的长途汽车上，张勇被人骗走 1200 元。怀揣着剩下的 3800 元，张勇的生意不了了之。

虽然从商的第一步以失败告终，但是张勇依然不放弃寻找商机。不久之后，他开始琢磨着在简阳到成都的公路旁倒卖汽油。那个时候，汽油是由国家计划控制的，张勇想将从公家司机那里收来的油票贩卖给私人司机。但是，当这个想法真正付诸实践的时候，张勇什么也没得到，除了一身灰尘。每当车辆经过的时候，他就会举起写着"收油"的牌子，但是连续两天的守候，竟然没有一辆车停下来。直到第二天夜晚，一辆解放车出现在张勇的视线中，这让他一阵欣喜。他一手高举着牌子，一手不停向司机挥着手。这一次，车停了下来。满怀希望的张勇走向司机，没想到司机缓缓摇下车窗，顺势朝张勇吐了一口唾沫，然后踩下油门绝尘而去。就这样，张勇的汽油生意也终止了。

　　然而，两次尝试的失败并没有让张勇放弃创业，他一直在寻找新的机会。当他在成都看到小火锅特别流行时，就在简阳支起4张小桌子，开始了第三次创业——麻辣烫。这就是海底捞的前身。尽管在创业途中遭遇到了诸多波折，但是张勇并没有被困难吓跑，而是选择继续前行。正是这种"跌倒后从头再来"的精神，成就了张勇的事业。

　　海底捞刚刚在新加坡开业的时候，由于服务人员的签证问题，店里没有足够的人手，所以经常造成顾客无法订位的情况。这使得海底捞的服务一时无法步入正轨。然而，这个问题并没有吓跑海底捞进军海外的决心。一方面，海底捞公司帮助员工担保，并向新加坡移民局上诉，积极促进赴新员工工作准证的批准工作；另一方面，店经理时常也会客串起服务员的角色，负责端茶送菜。据说，忙的时候，员工会从早上一直忙到凌晨两三点才收工。

　　此外，当顾客等待用餐时间过长时，员工会用一些"小恩小惠"来安抚客人，比如，赠送一包火锅底料或者其他的小礼物。当新员工服务不周的时候，海底捞的服务员会送上一个歉意的微笑。这些方式都起到了暂时缓解顾客情绪的作用。

　　经过两个月的努力，签证问题基本得到了解决。在面对海外市场的问题时，海底捞并没有退缩，而是竭尽所能积极应对。最终，这个困难并没有阻碍海底捞进军海外的步伐。

　　创业本身就是一个艰苦的过程，不可能一帆风顺。而最后成功的人往往都是"打不死的小强"，拥有顽强的生命力，能够及时从失败中爬起来。正如马云所说："今天很残酷，明天更残酷，后天很美好，但是绝大多数人都死在明天的晚上，见不到后天新生的太阳。"其实，跌倒并不可怕，可怕的是跌倒之后一蹶不振。如果在面对困境的时候，依然能勇往直前，成功也许就在不远处了。

【拓展透析】

当面对危机的时候，管理者可以从内部沟通和外部沟通两方面着手建立有效的应对方式。

1. 内部沟通

有效的内部沟通包括以下几个方面的内容：

（1）不要向员工隐瞒坏消息。大多数企业乐于将好的消息告诉员工，当坏消息出现时，坦诚就变得困难。其实，企业可以利用这个机会反复强调企业的产品和服务的高标准。如果对于企业的缺点及赢得的赞美都能够对员工做到坦率和诚实，企业就能提高员工对它的信任。

（2）用各种方式和员工进行沟通。其具体方法可以是通过办公室的公告牌和公开信等告知员工有关的情况，公司内部报刊也可以起到同样的作用，而且由于篇幅方面限制较小，还可以回答员工提出的问题。除书面形式外，还可以借助会议和咨询小组等口头传达方式告知员工需要了解的信息。

（3）在危机中保证员工能够及时得到有关信息，并不断更新信息的内容。企业应当让员工随时了解有关情势的最新信息。因为不同的员工关注危机的方面不同，企业对不同的员工提供的信息应有不同的侧重点。

2. 外部沟通

在危机中，企业应该把顾客所关注的核心内容告诉他们。这主要包括以下几点：

（1）企业出现了什么问题？危害性有多大？对顾客的影响如何？

（2）问题是如何发生的？到底发生了什么？有多严重？

（3）危机对企业应对顾客承担的责任有什么影响（服务、产品、承诺、最后期限等方面）？企业的前景如何？

（4）企业采取了哪些措施以防止问题再次发生？哪些步骤会对顾客有所影响？

（5）企业是否采取了别的措施来表明形势已经得到很好的控制？

（6）顾客一般应该找谁提出疑问和批评？如果他们想提供帮助，他们应该如何提供这种帮助？如果需要，他们是否可以找到负责的人？

（7）顾客什么时候会从企业那里再得到消息？以后企业会以何种方式与顾客联系？企业怎样决定什么时候与顾客再次联系最恰当？

（8）企业会要求顾客做什么？什么时候应该完成？

（9）企业是否对顾客一如既往的支持表示感谢？是否采取了一些措施以减轻危机对顾客所造成的负面影响？

在沟通的过程中，有效的沟通应该至少细分为企业内部沟通和企业外部沟通两个过程，而不能一概而论。

"骨汤门"：最好的应对就是不掩饰

海底捞公司有近60家门店，为了保证提供给顾客的产品的稳定性与安全性，我们采用现代化工业制作手段，通过产品的规模化和标准化生产以保证产品的品质。作为门店较多的火锅企业，现代规模化的生产所采用的方法已替代传统的加工模式，这与一般餐饮企业以及家庭使用的方法有较大区别。为了量化标准，为了让顾客在每一家海底捞门店食用的汤底味保持一致，我们将正规生产厂家提供的浓缩骨汤进行还原。我们使用的方式、方法符合国家对食品安全的要求，请顾客放心食用。海底捞没有以任何方式宣传过骨头汤系现场熬制，如果因此造成了顾客的误解，我们深表歉意。

——海底捞关于"骨汤门"事件的部分公告

【背景分析】

2011年7月，餐饮连锁巨头肯德基率先被曝出豆浆勾兑问题，随后味千拉面、永和豆浆、山西老陈醋均被曝出存在勾兑现象。就在人们纷纷热议的时候，餐饮行业的神话——海底捞，也被曝出骨汤勾兑问题，一时间海底捞被推上了舆论的风口浪尖，海底捞多年经营的金字招牌随时可能灰飞烟灭。

面对前所未有的信誉危机，海底捞展现了惊人的危机公关能力。与其他企业遮遮掩掩、闪烁其词不同，海底捞在第一时间就承认骨汤的确是勾兑而成，并对顾客关心的问题逐一做出详细解答。

首先是为什么要勾兑骨汤。海底捞在官方声明中表示：海底捞以前的骨汤的确是现场熬制，但随着规模逐渐扩大，现场熬制这一传统工艺已经难以满足目前的顾客需求量；而且为了保证骨汤口味的安全性和稳定性，勾兑可以很好地解决这一问题。

其次是海底捞骨汤如何勾兑。海底捞向人们透露了整个骨汤勾兑的过程：首先从装满骨白汤料的包装中，舀取骨白汤料，称重后加入一定量的开水，比例是每千克骨白汤料配上 100 千克开水，大概能勾兑出 40 锅锅底；随后将混合物均匀搅拌，搅拌后再放入特制的搅拌器内进行最后的搅拌，形成餐桌上的骨汤。海底捞不仅公布勾兑过程，还承诺向人们开放厨房，谁都可以进入厨房观摩骨汤勾兑过程。

勾兑出的骨汤合法、健康吗？海底捞详细介绍了骨白汤料的进货渠道和制作过程，海底捞的骨白汤料全都是从国家正规原料厂家——北京华都肉鸡公司进货，并附上了供应商的营业执照等证件。同时华都肉鸡公司还开出了一份《火锅专用汤》的制作说明书：骨白汤料主要原料是猪骨和鸡骨，简要过程是原料加水—蒸汽加热—静止分离—浓缩—加盐均质—杀菌—包装。海底捞表示，这种方法勾兑出的骨汤完全不存在健康安全问题，海底捞的说法得到了专家学者的认可。

海底捞也对为何不让一线服务员直接解答顾客的质疑做出了解答，这并非遮遮掩掩试图"瞒天过海"，而是海底捞目前有上万名员工，水平参差不齐，很可能出现解释不清，加重顾客误解的情况。为了进一步打消顾客疑虑，海底捞还决定在北京、西安、南京等地，开展专门的释疑活动，现场向顾客出具各种安全生产证书，以及邀请顾客进入海底捞厨房。海底捞还保证在2012年5月前，全国各门店都会完成食品安全监管备案工作，届时人们将可以自行查阅。

在整个危机公关时期，海底捞快速做出回应，直面问题，承认勾兑，并且明确表示企业从未在任何时候宣传自己的骨汤是现场熬制而成，不存在欺诈消费者的行为。最终人们也表示理解，只要骨汤安全、健康，勾兑也是可以接受的。

【拓展透析】

危机发生后企业要果断处理，通过有计划的专业处理系统将危机的损失降到最低。积极的处理方案还能利用危机，使企业树立起更优秀、负责任的形象。海底捞在"骨汤门"事件中的快速反应，以及勇于承认事实，积极答疑解惑，妥善利用媒体和网络等公共传媒等，都是其管理层智慧应对突发危机的体现。

寻找突破口：众口难调那就调服务

网易财经：现在很多消费者有这样一个体验，觉得海底捞的服务体验是非常非常好的，但是可能在味道方面它不是最好的，价格可能也略微要偏高一点。

张勇：你要保证食品安全的话，成本一定是很高的，就连清洗车间的温度都是可控的，然后是点对点冷链供应，这个投入会比原材料高几倍。虽然你只是感觉到我的菜比别家新鲜了一点点，但就是新鲜了这么一点点，我要投入很多，所以说成本就不一样。

至于你说的味道，我想可能是个别人的一些看法，因为有人说它不好，也有人说它好。口味这个东西是一定的，你想如果味道不好的话，天天能有那么多人来吃吗？一定是有很多人觉得这个味道好。但是我从来不觉得味道好是餐饮竞争的一个核心问题，因为口味方面南北差异很大，或者是某一家人里面都有很大的差异，有些人喜欢咸一点，有些人喜欢淡一点，众口难调。而且如果你是一个大品牌的话，你想让每一个人都说它很好，那几乎不可能。

——张勇答网易财经记者问

【背景分析】

当下社会人口流动性极大，海底捞很难满足每一位顾客的口味需求。同时随着餐饮业的逐渐发展，餐厅菜品口味有趋同的倾向。张勇所经营的火锅行业还有其自身的特殊性，一般菜系的菜品如果口味差别太大，基本是入口即知。火锅则不同，四川火锅更是以麻辣著称，多数顾客上了餐桌三五分钟后，舌头基本已经麻木，火锅菜品口味已经不是最主要的问题，所以张勇也无需在火锅口味上大做文章，只需要菜品口味在行业内保证中上水准就行。

张勇注意到当下人们外出就餐，多是以放松娱乐为主，相比于口味，完美的服务和优雅舒适的环境，更能招揽顾客。

【拓展透析】

企业要想建立自己的品牌，除了做好产品和服务外，一定要沉下心，对品牌有长远的规划。在战略规划的指引下，将自己的品牌树立起来，让消费者产生信任感，从而带动企业的进一步发展。

每一个决定都要着眼未来

　　别人都以为现在海底捞很好，我却常常感到危机四伏，有时会在梦中惊醒！以前店少，我自己能亲自管理，每个店的问题都能及时解决，干部情况我也都了如指掌。现在不行了，这么多店要靠层层的干部去管，而有些很严重的问题却不能及时发现；加之海底捞现在出名了，很多同行在学我们，所以我总担心，搞不好，我们十几年的心血就会毁于一旦！

　　我总有一种无形的恐惧，我们海底捞是一个平民的公司，没有任何根基，没有任何背景，做到了现在这么大，而且将会越做越大。生意越大，麻烦越多；如果我们是上市公司，碰到惹不起的人和麻烦，可能就多一层保护，至少上市公司的地位和社会股东也能帮助我们。

——张勇谈危机意识及上市原因

【背景分析】

智慧的企业管理者，总是时刻保持危机感。张勇同样如此，虽然他看似并不关心海底捞的日常运行，但其实他总觉得海底捞表面的繁荣背后是重重危机。

张勇在如今风光无限的海底捞背后皱着眉头，会不会是杞人忧天？对于张勇的担忧，最有力的佐证就是管理日常事务的杨小丽的话："当海底捞要变大的时候，就会出现严重的危机，难怪张大哥经常说他感到危机四伏。"

2004 年，当海底捞在全国还只有 8 家门店的时候，就出现了张勇所担忧的情况：高层到基层传递效率递减，店与店之间差别大，尤其是一些"山高皇帝远"的地方。这一年的腊月二十八，杨小丽接到张勇的电话，让她去负责郑州大区的工作，当时郑州大区是海底捞的主要经营区，有两个分店。

雷厉风行的杨小丽一天后就赶到了郑州，后来她这样回忆当年的情形："我到了郑州之后，先去店里看，第一感觉是员工有些懒散，没有一点主动意识和团队精神。"第二天在郑州二店的考察，让杨小丽多年后都记得一位斜挂衣服，嘴叼烟的大堂领班。当天可是大年三十啊，可是整个二店依然是慢慢悠悠，一片散漫的气息，毫无生气。

如今人们习惯在年初一出去吃个团圆饭，大年初一可以说是每家餐馆都严阵以待的日子。可海底捞郑州店员工的表现再次让杨小丽目瞪口呆：早上 9 点半上班，没有一个员工因为当天是大年初一而早来做准备，全都是拖到 9 点半来，然后开始慢吞吞地打扫卫生。等到中午客人上座之后，卫生问题依然没有彻底解决，效率何其低。一个分店有 200 多名员工，竟然连打扫卫生都要花费几个小时。

问题最后当然被杨小丽解决了，不过要知道当时海底捞只有8家分店，而如今海底捞在国内就有86家分店，还不包括海外的分店。从这一点看，也难怪张勇一直感觉危机四伏，张勇的那一番话也并不完全是危言耸听，自己吓唬自己。

随着海底捞逐渐壮大，问题也越来越多，这其中不仅包含海底捞的内部问题，张勇也遇到了一些棘手的外部问题，比如一些餐饮企业利用和政府的关系，获得相关方面的优惠政策，逐渐侵蚀海底捞的市场。"内忧外患"之下，张勇更加担心，甚至产生了恐惧，总是觉得海底捞随时会垮掉，这也让张勇的精神负担越来越重。为了缓解内心的恐惧，张勇选择上市，目的就是提高海底捞的社会影响力和社会地位，获得更多人的投资，将海底捞与股东捆绑在一起，由众人分担海底捞未来的风险。

【拓展透析】

张勇在海底捞的鼎盛时期，依然有忧患意识，这不是他一人所独有，成功的企业家多半一直保有远超普通人的忧患意识。因为缔造商业帝国的企业家们，比别人更清楚大厦的缺陷。

管理者要具有忧患意识，居安思危。海尔总裁张瑞敏曾说过："没有危机感，其实就有了危机；有了危机感，才能没有危机；在危机感中生存，反而避免了危机。"

第七章
星级服务从招服务员抓起

训练和培育是两回事。培训是短期的，而服务无法速成，所以一般企业拉着员工去野外搞的两三天"服务培训"，更像是集体郊游，没什么实质效果。

把服务变成一种意愿

　　火锅是低技术含量的工作，比如，怎么端菜、点火、开门和打招呼，不需要专业技能，一般人稍加培训都能干；只要愿意干，没有干不好的，关键是愿不愿意。大多数服务员是迫于无奈才选择这个待遇低、地位低、劳动强度大的职业，所以干不好。因此，要想让员工干好这份低技能的工作，关键点不应该放在如何培训员工做这份工作上，而是要放在如何让员工愿意干这份工作上。只要员工愿意干，用心干，你就赢了！

　　我觉得人心都是肉长的，你对人家好，人家也就对你好；只要想办法让员工把公司当成家，员工就会把心放在顾客身上。

——张勇谈海底捞、员工、顾客三者关系

【背景分析】

　　海底捞之所以能够成为火锅第一品牌，难以挑剔的服务是其成功最重要的原因。这方面海底捞员工居功至伟。那变戏法似的餐桌清理，舞蹈般的甩面表演，一路小跑的送菜员，等等，无不给顾客留下深刻的印象。人们在享受服务之余，难免好奇张勇是怎样做到让上万名海底捞员工如此富有激情地工作。张勇其实早就给出了答案：像对待家人一样对待员工，员工自然就把海底捞的事当作家事。

可说来简单，这人人都懂的道理，企业家们肯定也早早琢磨透，为何只有海底捞能够做到？恐怕企业家们多是将注意力放在薪水上，以为给足够的薪水就能解决问题。其实薪水只能管住员工的腰包，真正能拴住员工的是感情和心。

海底捞的唯一副总，杨小丽做过的一件事，足以让人们看到海底捞是如何真心对待员工的。1999 年，海底捞在西安开了第一家分店，由年仅 21 岁的杨小丽全权负责。在杨小丽的经营下，海底捞的生意越来越好，可麻烦也随之而来。

开餐馆的人都知道，难免会遇到喝了酒耍酒疯的顾客，打架更是时有发生。一天，西安店也遇到了这样的 3 位顾客，正所谓酒壮怂人胆，三杯酒下肚，三位顾客竟然开始辱骂男服务员，内容无非就是服务不好之类的。服务员自然是连连认错，笑脸赔不是。可这三位却依然满口污言秽语，员工们只好把气憋在肚子里，杨小丽也无可奈何。

三人得寸进尺，竟然对两位女服务员动手动脚，自然遭到女服务员斥责，三人恼羞成怒之下动手打女服务员。三个男人竟然借着酒劲打两个弱女子，真是让人忍无可忍。杨小丽一声令下，男员工们再也按捺不住，上去逮住三人猛揍一顿。事情到了这里，显然还没结束，三人不服气，开始打电话叫一些道上的大哥小弟，呼啦啦不一会儿，来了两辆卡车，下来 60 多个手持棍棒的彪形大汉，一个个凶神恶煞，一副不把店砸碎不罢休的神态。

杨小丽也二话不说，抡起袖子，抄起厨房的厨具，带上店里的 100 多名员工，与一帮恶汉对峙。男员工们全部站在前面，女员工们殿后，杨小丽一人站在中间。平时温文尔雅的杨小丽，为了海底捞的员工也怒发冲冠了一回。面对随时可能爆发的上百人乱战，杨小丽忘记了害怕，心里只想着绝对不能让员工受到欺负。对面的恶汉也傻眼了，正所谓光脚不怕穿鞋的，恶汉再凶，看见这杀气腾腾的一帮小姑娘、小伙子，愣是没敢过马路。最后在警察来了以后，这事才算了结，从那以后，西安再没人敢到海底捞闹事，都知道海底捞的员工团结不怕事，硬得像块钢板。

【拓展透析】

在终身雇佣成为历史的今天，员工对企业的忠诚度和依赖度大幅度降低。如何在新的环境下吸引人才、留住人才？稻盛先生的经营管理经验可以帮助我们解决这个问题。他的经验是：领导者对待下属要有关爱之心，只有真诚地关心和爱护下属，真心为下属解决工作和生活上的困难，用心培养、教育和塑造下属，使他们获得发展的能力、素质，为他们的成长发展创造良好的外部环境，提供施展才华的舞台，才能获得下属的充分信任和忠诚。

对待员工要有博爱包容的胸怀和心态。我们的先人也有同样的思想，《孙子兵法》中说"视卒如爱子"，用到今天企业的管理上，就是对待下属员工要像对待自己的孩子一样，以爱心、真心、热心和宽容心感动他们，为他们谋利益，让他们有安全感、归属感，以获取良好的人缘关系。

管理者应定期与下属讨论绩效改进和个人能力提升计划，真诚地指导下属存在的问题以及努力的方向，使下属不断进步；还有让员工在工作中获得知识的累积，这比单纯获得金钱更有吸引力。因为员工总是想让钱变得更多，而只有知识才能带来更多的钱，当员工感到自己在工作中提高了水平，有赚更多钱的信心和能力时，他们对企业的感激才会是发自内心的。只有这样，才能激励员工为企业发展努力，并赢得其对企业的忠诚度。

曾经有成功的企业管理者说过，爱心是企业激发员工创造力的最低成本的有效途径。所以，现今很多企业领导人都以一颗真诚的心对待员工，这样员工自然把企业当成自己的家，努力为企业创造价值。

对待员工要有关爱之心，因为拥有关爱之心的人，能得到他人的爱戴。领导者要真诚地关心、爱护、激励、鼓舞员工，表现出亲切、自然的态度，使得员工与你交往时不必费神就能与你愉快相处，你才能得到他们的支持和信任。

如果每个领导者都能够发自内心和蔼对待员工，以一颗宽容慈爱之心对待他们，关心员工的职业发展，在生活上为他们提供帮助，解决他们的疑难问题，就会唤起大家的工作热情，创造激情，营造出相互友爱的良好环境。

服务是手段，关心是本能

一个无法回避的事实是，我们绝大多数员工来自农村，他们有一个共同的特征就是没有受到良好的教育，因此不可能像公务员和白领那样过上体面的生活。在陌生的城市，他们几乎没有任何有效的方法受到这个社会的尊敬。为什么这样？这一切怪谁？我们可以改变吗？

因此，我们必须有一个组织来帮助和关心我们基层员工的成长，这个组织就是我们的工会。每一个工会会员都必须明白一个基本道理，我们不是在执行公司命令去关心员工，而是真正意识到我们都是人，每个人都需要关心与被关心，而这个关心基于一种信念，这就是"人生而平等"。

——张勇在成立海底捞工会时的讲话

【背景分析】

海底捞的大部分员工都来自农村，没上过大学，但当海底捞开到第 11 家店的时候，招待的顾客已经达到 300 万。不需要学历证，高上座率就是海底捞员工最好的成绩单，足以证明他们的勤奋和优秀的。

张勇看到这份成绩单后，决定将这些优秀的同事组织起来，让他们给身边更多的人产生影响，留在这里好好工作。海底捞的员工从农村来，没有多少教育背景，但是他们也渴望被尊重和关心。要想得到社会的尊重，要么去考名牌大学，过上体面的生活，要么靠自己的智慧和汗水拼出一片天地。张勇不希望自己的员工一辈子只能在社会的最底层待着，不希望员工的后代重复这样的命运，所以他要建立一个组织，一个给基层员工带来关心、帮助和成长的组织。

2006 年，张勇成立海底捞工会，他说工会是海底捞的先进组织，集合的是海底捞最优秀的一批人。工会的工作就是关心和帮助同事，在他们头疼脑热时关心和慰问是最基本的，更为重要的是给员工提供一个可以改变命运的通道。方法就是想尽办法拼尽力气让海底捞的人气更旺，海底捞规模一大就能有更多的分店，也就能给更多的人提供就业岗位，更多人的生活能因此变得更好，这是一种真正意义上的关心。

工会还负责培养员工的兴趣爱好。一次，有一位外国客人到海底捞就餐，其中一个服务员竟然用标准的英语和他攀谈起来，从客人的脸上的表情就能看出他这次对服务很满意。工会得知此事，专门在公司举办了一次英语口语比赛，为表现优秀的员工聘请外教老师。

在海底捞，谁才有资格加入工会呢？首先要符合张勇说的最重要的条件——一个真正善良的人，要心甘情愿地为大家做事，不怕烦琐，真正将关心员工作为一件伟大的事情去做。如果有人想要加入工会，却不能理解这一点，张勇坚决不会同意他进入，即使因为一时疏忽让不符合这样条件的人进入工会，张勇也会想办法将他找出来踢出去。

海底捞工会里的每个人对员工的关心都不是出于服从命令，而是从心底里认识到不管是谁，首先是个人，他需要关心别人和被别人关心。工会的这种理念也是张勇的生活信念，那就是"人生而平等"。

张勇经常在海底捞的内刊上提到这句话，很多员工也跟着老板学会了这句话，可以说"人生而平等"改变了张勇的人生观，也改变了很多员工的命运。

在同龄人仍沉溺于清新格调的青春文学时，张勇已经对社会和世界有了独立的思考和判断，特别是对于人的思考。

"人生而平等"是哲学家卢梭的名言。张勇一直将这一点作为经营海底捞和工会的信念——所有的人都是平等的，平等地享有关心和被关心的权利。

【拓展透析】

不管是没读过一天书的农民，还是受过高等教育的学者，不管是海底捞的服务员，还是教书育人的老师，在希望被尊重和关心这一点上，都是一样的。依照心理学家马斯洛的需求层次理论来说，关心和被关心都是我们很重要的需求。好的管理者就是在满足员工的这种需求的同时达到好的管理效果。

1. 薪酬本身不是解决问题的方法

员工付出劳动，就要得到相应合理的报酬，但这并不意味着你必须支付同行业中最高的工资来求得员工的忠诚。担任波士顿一所教会医院人力资源部高级副总裁的劳拉·阿瓦奇安说："了解薪酬福利的基础，更为重要。关键是要让员工认识和了解薪酬的决定过程，并且欢迎他们随时质询。"

2. 做员工的伯乐

好的管理者就是员工的伯乐。每个员工都有自己的长处，每个员工都需要发挥自己的能力。如果能够将员工安排到合适的岗位上，员工将会更加努力地工作，以报答知遇之恩，工作效率自然也会大大提高。

3. 从细节方面关心员工

从一些小事着手，对员工进行关怀，会更富人情味，更能打动人心。比如，为员工庆祝生日、经常关心员工的身体状况、关心员工的生活等，对员工进行感情投资，建立亲密的感情，能够有效地消除员工心中的担心和疑虑，使他们更愿意在工作中发挥积极性和潜能。

4. 威胁和强迫收效甚微，要让员工参与民主管理

员工都希望对管理事务有知情权、参与权、商量权和决定权，员工在参与民主管理过程中会有一种归属感和成就感。管理层要创造条件让员工参与民主管理和经营决策，在制度、考核办法的制订，重大事项出台以及涉及大部分员工切身利益的事务等方面，多让员工参与，听取员工意见，采纳员工建议，撷取员工智慧，使员工在民主管理参政议政的"锻炼"中，强化主人翁意

识，促进换位思考，增强其责任心和进取心，培养全局观念、大局意识，促进其成长。

关注员工的心理压力，提高其"心理免疫力"。管理层要关心员工的"心理环境"，重视员工的压力管理，把广大员工的冷暖甘苦挂在心上，在优化业务流程、减少操作环节、减轻员工负担上多做文章，在帮助员工解决生活中的困难上多下功夫，在调整员工心态方面多花心思。

疏导员工的压力，如主动找员工交流沟通、帮助解惑释疑、举办健康知识讲座、组织开展文体活动等，使员工缓解紧张情绪，学会"降压下火"，提高"心理免疫力"，健康快乐地投入工作。

5. 创建良好的企业文化

越多的企业领导认识到：企业不能只靠高薪，还要用感情和文化来吸引人、留住人。员工在充满人情味的环境里会有一种归属感，从而全身心地投入工作。员工凭什么为你的企业不遗余力地工作，靠的就是有发展前景和富有人情味的企业文化，靠的是一种安全感和归属感。

一个企业就是一个群体的集合，群体中的每个人都会有不同的思想、不同的行为方式。有不同就会有矛盾和冲突，就会出现不和谐。这个时候，领导应站在全局的立场，调解各种矛盾，消除各种隔阂，平衡各种关系，从而创造一个融洽的企业环境，使全体员工上下同心。

良心向善遮百短

如果一个领导者很公正，有责任心、善心和爱心，那一定能带好队伍。你说我理想主义，是因为我没办法，我必须通过这种理想、责任感，尽量遏制他们的私心。

海底捞一直在坚持一种平等主义，海底捞的所有店长、小区经理都来自企业的底层，很少有空降的。不是我们不愿意外聘，也不是说外聘的人不优秀，因为职位就那么多，如果都外聘的话，那么双手改变命运就变成了一句空话。至于培养人过程当中造成的损失，对企业来讲是值得的。坦率地说我愿意叫底层的员工"小孩"，但是这些小孩很可爱，有的时候我也会骂他们，有时候他们也会做出一些让人哭笑不得的事情。人管人是难，如果选的人符合向善的标准基本上就不会错。海底捞提拔管理层有一个重要的原则，就是看这个人是不是与人为善。

不管是古代也好还是现代也好，我们千百年追寻的价值观，经过历史的检验，在海底捞也不能变。诚信、善良、正直，这些都要坚持。

成功没什么秘诀可言，就是要把我们千百年来提倡的诚实经营、优质服务落到实处。

海底捞做了这么多年，其实就是秉承四知原则，做事凭良心！不论是对员工，还是对顾客。

——张勇谈与人为善

【背景分析】

张勇希望把海底捞打造成一个平台，站在这里的人们可以生活得更好。但海底捞选人是有标准的，张勇的选人原则是能吃苦的好人。他特别提到不孝顺的人不能要，对家庭不忠诚的人不能要，因为一个连父母都不管的人是非常自私的，那肯定会计较工作中的事情，就不能与人为善。

海底捞员工入职前都要宣誓，其中有一句是"我愿意真诚，因为我需要问心无愧"。无愧于自己，无愧于别人，与人为善，这是海底捞员工的基本要求，同时也是张勇选拔管理层的重要标准。

在海底捞成名之后，有人采访张勇，问他认为自己成功的最根本原因是什么，张勇想了想说，也许是因为比较善良吧。与人为善是除了工资之外，张勇在创业之初能给员工的最好福利。

在海底捞还很小的时候，张勇到简阳店巡店，发现一个女服务员躲在角落里哭，他走上去，问她发生了什么事情。

女孩一边抽泣着，一边说出了自己的困难——家里从信用社借的钱还不上了，到期不还家里养的几头猪就会被人弄走。女孩年纪轻轻的，哪遇到过这么大的事情，事儿还没来就已经吓破了胆，哭得不像样子了。

张勇马上拿了几千块钱给她，让她快去把钱还了，其他事情以后再说。除了满脸的感激，女孩没有说别的。善良是获得信任最简单的方式，张勇这时候根本想不到，这件事竟给海底捞留住并培养了一员大将。这个女孩就是杨小丽。

杨小丽一直把张勇对她的帮助放在心上，用加倍努力工作来回报张勇的善良，直到之后成为海底捞不能缺少的顶梁柱。当海底捞越做越大，管理层纷纷效仿张勇，比着对员工好。

但是，在选拔管理层时，张勇看的绝对不是表面的和善，而是真正能够对员工友好的品质。群众的眼睛是雪亮的，他们能够区分真正的好和伪装的好。曾经有一位店长一发工资就会请员工吃一顿，也经常去慰问生病的员工，但是，最后总部调查时，这位店长的得分并不高。这说明他只是将与人为善作为一种纪律和工作要求，而没有真的从内心里发善心。

在2010年稻盛和夫经营哲学国际论坛上，张勇讲了这件事，并且说，国家的事情他管不了，但是海底捞的事他要管，他要"创造一个彼此信任、诚实、善良的团队"。

与人为善不但是张勇选员工、选管理层的标准，也是他对待顾客的原则，做事凭良心，一切善为先。

【拓展透析】

善行必然衍生出另一个善行，善行终会招来善报。这是这个世上最强劲的连锁反应之一。张勇对杨小丽的一个善举，换来了她对海底捞的忠诚与全力付出，之后受杨小丽影响的又何止一人呢？

所以，张勇不但把善良作为对海底捞员工的基本要求，更作为选拔管理层的重要标准，管理层比普通员工有更强的影响力，其品质也很容易被模仿和传播。从经济管理的角度来看，企业领导者需要做到以德御人。

唯有领导者深明大义，才能使下属受到教诲。下属的道德熏染，除受其群体环境的影响以外，主要的就是受其领导者思想的熏染。所以，领导者特别要注意自身的道德修养，特别要注意自己的一言一行，切记不可为下属提供恶劣的道德"榜样"。

领导者的威信来源于高尚的品德。领导者具有高尚的品德，下属就会对他产生敬爱感，就会从内心里拥护他，自觉地跟他走，他在下属中就有了较高的威信。人们常说的"德高望重"，就是这个意思。日本的经营之神、著名企业家松下幸之助说过，一位经营者，不需要是万能的，但必须是一位品格高尚的人，因为后者往往更能吸引人才。

领导者应该永远开诚布公，公正、正直。如果领导者赢得了这种声誉，那么，他的大多数员工将会以同样的态度作出反应，部门下属也将公平、正直地对待他的上司，在所有交往中都光明正大。

"骂文化"：扛骂也是一种服务能力

我们的优点是愿意挨骂，缺点是不会辩解。

——海底捞员工谈张勇对下属的责骂

【背景分析】

在海底捞，责骂被看作是一种重视，也是进步的一种动力。其实，没有谁愿意被骂，那责骂为何在海底捞能够成为一种文化，这和当家人张勇的脾气是有关系的。

工作时间，张勇不会收敛自己的"坏脾气"，前一秒他还谈笑风生，下一秒看到不入他眼的事儿，他的脾气噌地就上来了，不管你是谁，不管在什么地方。

有一天，一名海底捞员工夹菜时不稳当，菜掉在了餐桌上，他没有捡起来而是继续吃饭，这一幕刚好被也在食堂吃饭的张勇看到了。张勇什么也没说，走过去夹起掉在桌子上的菜吃掉了，就在这名员工惊得目瞪口呆的时候，张勇一把拿走了这名员工没吃完的饭。

海底捞的管理层也经常在张勇巡店的过程中挨他的骂，公司越做越大，也越来越正规，管理制度和流程也必然会不断增加，前期不符合制度的事情就会越来越突显。只要看到不满意的地方，张勇就会发作，就连北京大区经理袁华强，也对张勇的责骂十分忌惮。

不过，最经常被骂的当然是和张勇接触最多的人——海底捞唯一的副总杨小丽。有一年，张勇组织海底捞的高管到高原上旅行，众人都陶醉在美景之中，非常放松，杨小丽也特别开心，顺手就从道旁摘了一把小花。没想到，这束花就成了点燃张勇暴脾气的导火索。

"高原上这么冷，环境这么不好，这些花长起来容易吗，轻易就被你给毁了。这么不珍惜生命，素质真是太低了。"一路上，张勇一直在叨叨这些话，杨小丽在其他高管面前哭了一路。所有人都不吱声了，旅行的好心情也瞬间消失了。张勇终于意识到自己过分了，走上前去又把杨小丽逗乐了。

人非圣贤，孰能无过。张勇有时候也会骂错了、冤枉了杨小丽，又或者骂过分了，这时他就会及时地采取补救措施，比如给杨小丽送上一箱她最爱的冰淇淋，或者安排个杨小丽的闺蜜去开导开导她。

即使是没有机会见面，张勇在总部得知某位高管出了错，也会让他到总部，给他讲讲问题；犯了错的管理者要自掏腰包飞到总部，食宿和喝咖啡的钱也要自己出，这被张勇称为"喝咖啡制度"。

如今，责骂已经成了海底捞的一种文化，这也培养了海底捞管理层一个共有的优点，就是愿意挨骂，而他们的"缺点"是在挨骂时不会辩解。从这句话就能看出，在员工心中，挨骂不要紧，关键是要骂得对，他们才服气，拿捏住分寸才能真正起到作用。

【拓展透析】

人被批评后都会难受，这就是一种惩罚，从心理学上讲，惩罚是消除一种不被允许的行为的方法。

在实施批评过程中，管理者首先要做到的事情是肯定员工所做的事情中好的部分。也就是说，在批评之前先进行表扬和肯定。

其次要明确、直接和客观地指出他的不足或错误。管理者在批评员工时一定要尊重客观事实，我们批评的是错误的行为，而不是针对个人，请记住批评应对事不对人。批评要尽可能以友好的方式结束，管理者可以进行鼓励或提出希望，微笑着说"我相信你会做得更好"，或者"我期待你在工作上有更出色的表现"等。

批评的功能是促使下属进步，所以在批评实施过程中要注意人的培养。成长性是个人在组织中追求的一个目标。让他成长，就是对他的最大激励。这种境界的提高，往往能够消除员工受到批评以后的不良情绪，反而让他动力更足。

管理者切记不要将批评当作个人情绪的发泄。如果仅仅是不满情绪的发泄，那么这个批评的实施将毫无意义。因为你不能通过批评得到什么，反而会不利于将来工作的开展。在批评手下的时候，一定要明白，下属本来就不如你。在批评实施过程中，要对下属的错误有所宽容，并不是任何错误都需要严厉批评。

管理者应掌握的四大批评技巧是：

1. 批评要秘密进行。当众批评会增加员工的心理负担。正确的做法是和他单独交谈，让他体会到管理者对他的关怀，进而使他愿意正视自己的问题与错误。但并不是所有的批评都要秘密进行，当一个错误出现时，如果其他人在未来工作中有极大可能重复这个错误时，就需要公开批评，以起到警示作用。

2. 批评要直接。管理者常见的批评误区是力求自己的批评之词尽可能委婉。许多管理者担心被员工视为尖酸刻薄的主管，因而在批评员工时，总会再三斟酌用词，希望让批评的话语较不具杀伤力。事实上正是因为用词委婉，批评的效果才大打折扣。正确的做法是应就实际情况，提出具体而正确的做法。

3. 批评要当面。人后不说闲话，批评也是如此，对下属的批评，一定要当面指出。这样管理者的意见和态度，才能让下属非常清楚地了解，同时也有助于彼此交换意见。如果在背后进行批评，很容易引起误解，不仅有损管理者自身形象，而且还会激发新的矛盾。

4. 批评时要用词恰当。用词恰当表现在两个方面：一是不要使用戏谑言词，管理者以严肃的态度予以批评时，反而较容易为员工所接受。如果管理者使用戏谑的口吻，很容易会被下属误解为讽刺；二是不要冷言冷语地批评，管理者不要讽刺挖苦、污辱他人人格，也不能嘲笑对方的生理缺陷，否则批评不仅没有成效，反而会适得其反。

自由服务：让员工去做决定

　　用人不疑，疑人不用，我充分相信他们。他们谈不下来的合同，我也谈不下来。

　　在财务上，我给予充分授权，没有资金需要我审批，财务总监就是最后一道坎。"用人不疑，疑人不用"，这是我的原则。海底捞每年要花10个亿出去，平均每天的资金吞吐量有多大？我如果事必躬亲，会累死的。在海底捞公司，从管理层到普通员工，都拥有超过一般餐饮店员工所能得到的权力：100万以下的开支，副总可以签字；30万以下的开支，大区经理可以审批；而3万元以下的开支，各个分店的店长就可以做主。就连普通的一线员工也有一定权限：他们可以赠送水果盘或者零食；如果客人提出不满，他们还可以直接打折，甚至免单。

　　　　　　　　　　　　　　　　　　——张勇谈用人

【背景分析】

　　IDG创业投资基金的人曾经找张勇谈投资的事情，却遇上了从来没遇到过的事情。对海底捞很多内部具体情况,张勇一问三不知。

张勇说的是真的,海底捞具体事务的决定权分散在每个管理层手中,甚至是开新店这样的事情也不例外。在北京和上海,海底捞每开一家新店,租房合同都要持续 10 年,其中房租在 3000 万左右,装修在 1000 万左右,还没算其他费用。但是,这么一笔巨款,张勇从来不会过问,而是全权交给北京和上海的区域经理,区域经理只需要将谈判的结果报告给张勇就可以。

当有人问他怎么可以对手下这么放心时,张勇回答说,用人不疑,我相信他们,如果合同他们谈不下来,我去了也一样谈不下来。

在海底捞,3 万元以下的找店长签字就可,采购部负责人、工程负责人和小区经理都有权为 30 万元以内的单子签字,财务总监、大区经理和副总有权负责 100 万以下的单子,而张勇只负责百万以上的单子。

海底捞的一线员工相当于其他地方的餐厅经理,有免单和打折的权利,最重要的是上级不会过问。这种人才管理,一方面是基于对人性的信任,另一方面这种“用人不疑,疑人不用”的人才观念能够给他的生活带来很多的快乐。虽说管着这么大的餐饮连锁产业,员工过万,但他不像别的掌门人那样忙东忙西,大部分时间他的生活悠闲而又自在。虽说海底捞在全国许多个城市都有分店,但张勇不会经常全国各地跑,公司的会议他也基本不参加。他喜欢待在家乡简阳,“早晨睡到自然醒,陪陪家人和父母,下午和朋友喝喝茶,玩玩牌,有时也去爬爬山”。

　　这样的工作、生活两不误的方式更加强化了张勇坚持"用人不疑，疑人不用"的人才观念，不把过多的精力内耗在用人问题上，就能拿出更多的时间思考海底捞未来的战略发展。

　　【拓展透析】

　　信任和尊重能给人一种安全感和精神上的特殊鼓励，并由此使人产生一种竭力完成任务的责任心。一般说来，人在受到信赖时就会有快乐和满足的感觉，特别是对那种犯过错误、有过失误的人给予足够的信任，会使其产生受到尊重和信赖的愉悦，从而对社会、对前程充满希望，对生活充满激情，并由此迸发出比平时高出许多的积极性、主动性。

　　但是，如果用人半信半疑，则会使人心灰意冷，从而表现出应付或消极的态度，当一天和尚撞一天钟，严重的甚至与管理者消极对抗，或者另谋高就。

　　一般情况下，有才华的人都有较强的自尊心、自信心、成就感和荣誉感，都有独立处理问题的能力和解决问题的方式。因此，使用这种人才的要诀之一是予以充分信任，让他们在职责范围内独立地处理问题，开展工作。

　　与用人不疑相反的用人态度就是用人生疑。在许多敌对双方的政治斗争和军事斗争中，三十六计之一的离间计常常被敌对双方使用，目的在于制造对方内部的矛盾，运用此计谋攻陷城池往往事半功倍。

　　堡垒是最容易从内部攻破的，一方中计，内部生变，从而不战自溃。一个强大的集体，由于成员对种种流言蜚语缺乏识别的能力和分析的本领，从而引起彼此的猜忌，最终导致组织解体，这种教训是惨重的。

管理者要做到"用人不疑、疑人不用"，应该注意以下几点：

第一，要慧眼识英才。选拔人才，必然要独具慧眼，多加考察，充分认识其各方面的素质，综合评估他的能力，给他安排适合的职位。可以说，人才选拔至关重要，它是日后用人不疑的前提与保障。

第二，要给下属自由发挥的空间。因为管理者了解下属、信任下属，才让他担当某一职务，负责某项工作。既然是这样，就应当对下属放心，放手让他去干，除在宏观上指导外，不要随时随地指手画脚，使下属无所适从，完全变成木偶；更不要让下属站在一边"歇凉"，自己去辛辛苦苦做下属应当做的事，这是费力不讨好的愚蠢的做法。

第三，设身处地为下属着想。下属有时会与管理者意见不一致，有时可能不接受管理者分派的任务，有时也可能对管理者分派的任务完成得不好。这时千万不要认为下属是不服从管理，是不合作，是没有本事。下属也有思想，也有情绪，也要受到主客观条件的限制，管理者要冷静下来，替下属着想，心平气和地摸清状况后再做决定。

第四，要坦诚待人，表里如一。管理者应与下属时时沟通思想，有话当面交谈，切忌背后乱说下属的怪话、坏话。另外，受管理者信任的人往往遭人嫉妒，是流言蜚语攻击的对象。对于挑拨管理者与受信任者的流言蜚语，管理者更应谨慎对待。

无法刻意服务：心胸决定了你的态度

创立的时候，我们的火锅店只有 4 张桌子，到后来买下一层楼，是简阳装修最好的餐厅，而且那时我们就用空调了，那是 1998 年。也是在那年我们做了第二家，我不心疼钱，因为你的心胸决定了你对金钱的态度，对同事的关系。你知道你要做大，如果只是想挣一点钱，你就会怕风险，对于一些冲突，就不会那么坚持。有了很高的心胸，我就会把它（钱）看成一种资源，投下去，这就是个体企业家的精神。当时我有一个理想，一定要把店开到北京，一定要走远。

——张勇谈管理者的心胸

【背景分析】

在张勇看来，钱只是一种资源，一旦投入，不管是否取得收益或者回报，都应该拥有足够的心胸去承担这份风险。所以，对于别人看来难以容忍的事情，他却能保持云淡风轻的姿态。

海底捞入驻北京的时候，张勇派一个主管经理去租店面。主管经理在租第一个房子的时候中了别人的圈套，被骗了300万，当时他急得寝食难安。听说此事后的张勇没有恼怒，甚至没有责怪他，反而鼓励他道："你们就值300万？马上干正事吧。"300万，这可是当时海底捞账上的全部现金，但是张勇看得很轻，他事后坦言："我真不怨他。因为我去租，不也要受骗吗！"这样的胸襟，可以说正是今天的很多管理者缺乏的。

还有一次，海底捞租了一个房子准备用来开设新店。但是，那个房子没有客梯，只有货梯。为了节省成本，工程部部长决定将货梯进行改装，因为新建一个客梯的开支太高了。但是，花费十几万改造后的货梯出现了问题，载人的时候总是往下掉。于是，工程部部长第二次对货梯进行改装。两次改装历时两个月，共耗费20多万，但是依然无法像客梯一样正常工作，最终不得不拆掉重新安装。如此费时费力费钱的事情，大概很少有人能做到心平气和地对待吧，但是，张勇表现得很冷静，也没有去追究这位"大费周章"的工程部部长的责任。他给出的理由是："他的出发点是为了省钱，又不是为了搞垮海底捞或者贪污。"

【拓展透析】

张勇从来不会计较当下的损益，也不会过分追逐短期的利润，只要出发点是为了海底捞更好地发展，不论结果是得还是失，他都会鼓励。这和稻盛和夫的观念不谋而合："不要追逐利润，要让利润跟着你跑。利润无法通过追逐得来。只有持续增加收入、减少支出，才是企业获得利润的根本途径。"

在创业初期，如果急功近利，是很难做成大事的。正如西乡隆盛所言："草创之始，华屋、锦服、美妾、谋财，维新之功业终难成也。"西乡代表的是日本中下层武士，他曾对部下说："贪功乃战者之毙命弱点，为将帅者尤当以全场之胜利为要，余者皆为此目标辅从。"

由此可见，成大事的人必须具备这样的品质：要有能够担当大任的能力，要抵挡得住来自各方的诱惑，同时还要能放下个人的利益要求，若一味纵欲营私，不能克制和砥砺艰难，则很难做成大事。

然而，现在的一些创业者做事只图眼前利益，而不会为长远打算。他们认为自己的行为更注重现实，而实际上是将未来的发展与成功的机遇断送了。若是被眼前利益蒙蔽双眼，宁愿低头享受那片刻的欢愉，也不肯抬起头望向远方，那么最终会陷入庸人自扰的无边烦恼。

如果制订出科学合理的计划，就能提醒自己将目光放得长远一些，放弃一时小利、顶住一时诱惑，为更高的目标积蓄力量，同时还能帮助自己集中精力，创造出最高的价值。

第八章

海底捞"家法"：自由与约束并存

海底捞的规矩是：一般的都不管，要管的都不一般。

高管当然可以出去创业

就像你说你的企业是公正的，但具体到高管要出去开个火锅店你就不干了，那不是瞎掰吗？

首先你们现在站在公司立场上，当有一天你要走了就不会这么想；第二，你想一个人在海底捞干了很多年好不容易干到高管，现在要走了，他不干火锅能干什么？其他的他都不会干。为什么非要去堵他这条路？也许法律上确实该禁止，但干火锅的那么多你不去竞争，干什么非要和自己人竞争？

——张勇谈高管创业

【背景分析】

海底捞设立了一个总经理办公会，由 7 个部门领导组成。若是 7 人中有谁要离开公司，张勇会给对方 800 万的"辛苦费"。这听起来有些惊人，而且令人匪夷所思的是：800 万刚好是开设一家海底捞新店的费用。在张勇看来，总经理办的高管们在海底捞劳碌了半辈子，离开海底捞以后的唯一生路大概也是做火锅生意。张勇似乎有意让高管"出走"。

张勇的弟弟曾经也是海底捞的成员。他退伍后加入海底捞，凭着自己的努力一步一步从最基层的一线服务员晋升为总经理办公会成员之一。但是，一直怀着创业梦想的他，希望能拥有一家自己的餐厅。在海底捞的一次总经理办会议中，他对张勇说："我想享受800万的补贴。"这遭到其他高管的集体反对。然而，张勇最后选择支持他，按照规定付了800万的离职费，甚至还分担了50%的税费。

在海底捞还有一条不成文的规定：店长做满一年离职，给8万元；小区经理离职，给20万元；大区经理离职，给800万元。这些优秀的海底捞员工，凭着长期积累的火锅店经验，自己创业肯定是没有问题的，说不定收入会更高。然而，这个规定并没有让海底捞的骨干纷纷出走，他们中的绝大部分坚持留在海底捞，觉得在这里发展更好。纵然张勇的政策鼓励高管自己创业，但是海底捞的功臣们并没有选择抛弃老东家。

【拓展透析】

很难想象会有管理者像张勇一样鼓励下属出走，成为自己的竞争对手。而张勇打破常规大胆尝试，却取得了"欲擒故纵"的效果，绝大部分的下属都成了海底捞忠诚的老员工。

很多人更习惯于因循守旧，而不是大胆地尝试，由此错失许多超越的机会和可能。置身于这样一个竞争激烈，又充满挑战的社会，固守常规的心态已无法适应社会的需求，所以不论何事，创业者都需要一个大胆敏锐、勇于尝试的心态，向自己挑战，努力追求更好的业绩。而在尝试的过程中需要保持足够的自信心。不管面临的困难有多大，要相信自己有能力克服困难，战胜挫折。愿望本身就是你潜藏着使愿望变成现实的能力的证据，而实现愿望的第一步就是大胆地去尝试。

好的机会总是青睐那些大胆并充满奇思妙想的人，而他们大胆的行为后面也总是伴随着承担一切后果的勇气，积极地尝试，所以他们才会得到自己想要得到的东西。

在现代公司里，一个人的才华和能力，只有通过冒险，渡过一道道难关才能锻炼和展现出来。而安于现状、不思进取、没有危机感、不愿参与竞争和拼搏的人，他得到的奖赏不是成功，而是彻头彻尾的失败。

敢于冒险，是挑战成功的第一步。敢冒最大风险的人，才能抓住博弈成功的机遇，才能从众多的员工中脱颖而出，才能为自己的事业成功打下牢固的基础，才能进一步实现自己人生最大的价值。

开放的全球化世界中，随机性和偶然性更大。在如此不确定的环境里，尝试与冒险，从错误中学习成了管理博弈最有意义的一件事情。坚定大胆敏捷、勇于尝试的决心，我们会发现其实每个人都具有取之不竭的智力潜能，会发现生命中潜藏着许多连自己也无法想象的能力。如果不去尝试，这些能力永远也没有机会大放异彩。尝试，是铸造卓越与杰出人生的一种方式，是事业成功的一条重要途径。

提拔是海底捞的承诺

> 我们会告诉刚进来的员工，你只要好好干，我们一
> 定会提拔你，这是我们的承诺。
>
> ——张勇谈对员工的承诺

【背景分析】

服务行业的工作量很大，很辛苦，作为餐饮行业的领军者，海底捞的工作量更大。每天连续工作 12 个小时对海底捞员工来说是很正常的事情，虽然只是在店里来回地奔跑，但折合成里程数能够达到 10 公里，而且他们的吃饭时间也不固定，需要视顾客的就餐情况而定。对员工而言，既考验体力，又要承受巨大的心理压力，不仅要对临时出现的情况作出及时反应，还要忍受偶尔出现的刁钻顾客。与其他店不同的是，海底捞要求服务员在最短的次数内记住顾客的口味和习惯，这对他们的记忆力和专注力也是一种极大的考验。

一天连轴转，就是机器人也会变得不那么灵活，海底捞的员工却能够每天如一地保持饱满的工作热情和发自内心的微笑。他

们的工作和奋斗不是为了下一顿能吃个饱饭，而是为了明天能有个更好的未来，这种未来是张勇对他们的承诺，是能够看得到摸得着的承诺。

有顾客曾经记录过海底捞的一名擦鞋匠，在海底捞等待座位的时候，一个小个子擦鞋匠主动上来询问是不是需要服务，经过同意，擦鞋匠边擦鞋子边和顾客聊天，就像朋友一样讲他自己的故事。

虽然别人都看不上他做的工作，赚的也不多，他也不是海底捞的正式工，但是他一直相信，只要自己干得好，就有机会去做服务员，再去做领班，他甚至给自己规划到了经理。听张勇老板讲的话和周围人真实的故事，他相信虽然现在的日子不好过，但终有那么一天，他会拥有自己的房子和车子。只要他在海底捞好好奋斗，就一定有个好的未来。

当人们问海底捞的员工为什么这么卖力时，他们说因为"生意好了，我们就好了"；当人们问张勇是怎么把员工培训成这样的，他却并不认为这是他培训的结果，只是十几年的海底捞发展事实，让他们"相信海底捞好，他们就好"。

相信凭着自己的双手也能过上好日子，相信没文化、没背景也一样能成功，相信终有一天能拥有自己梦想的生活，这就是张勇给海底捞员工承诺的最好的未来。

【拓展透析】

海底捞每年也有一定的流动率，但只要能够留下来的都对公司有着很高的忠诚度，他们相信自己能在这里为自己拼下一个美好的明天。张勇用承诺一个美好未来的方法留住了万千员工。

企业之间的竞争归根结底是人才的竞争。一个优秀的企业，它最大的优势在于人才，人才作用的发挥首先在于人的忠诚。在这个员工跳槽频繁、缺乏忠诚度的年代，企业中的经理人正在绞尽脑汁地提高员工的忠诚度，以确保企业可以长久平稳地发展。

为了保证员工的忠诚度，企业应该着力避免以下情况：

1. 企业重承诺、轻兑现

很少有员工可以持续留在一个从不兑现承诺的企业，甚至最后的结果与之前的承诺截然相反的话，会使员工对企业越来越不信任，甚至完全失望。企业对员工不忠诚，又如何能要求员工对企业忠诚呢？

2. 薪酬设计不合理，难以彰显公平性

企业不公平的薪酬标准，会使员工慢慢失去积极性，消极怠工，而这一部分员工，往往是企业的中坚力量，因为他们多数人是做着同一部门中最苦最累的工作，但付出的与得到的成不了正比，如此发展下去，势必会造成人员的流失。

3. 员工在企业内缺乏安全感

企业的领导不要经常将"你要是不做，还有大把人抢着做""你要是做不好，我就炒了你"之类的话挂在嘴边，这样会让员工缺失存在感和安全感。企业应该多鼓励员工，而不是仅仅关注业绩。在企业快速发展的同时，也为员工谋取福利、休息的权利。可以最大限度地让员工为企业谋取利益，但不要对员工造成权益上的侵害，过度透支员工的精神和体力，并总以各种各样的话语来伤害员工、胁迫员工，在这样的企业、有这样的领导，员工离职率低那才是怪事。

4. 缺乏完善的用人机制

企业应让每一个员工各司其职，在其能力范围内做好自己的工作，各得其所。采用透明的用人机制，企业和员工将建立起最起码的信任，让员工觉得这个企业需要自己，我的苦和累会有人看到。否则，就会致使员工的忠诚度下降。企业不停地忽视员工的成就，使得怨愤慢慢积累，员工离职也就是迟早的事情了。

5. 沟通渠道不畅通

信息的沟通非常重要，做企业的不知道自己的员工心里有什么意见，有什么需求；员工感受不到今后的发展前景，见不到企业为自己制订个人培训及发展规划，也看不到企业的经营状况，这样持续下去，员工就不再对企业产生信任，他们不能感受到企业对他们的关心，觉得自己所创造出来的价值和成就都不能被人重视，自己只是企业当中一个可有可无的人，员工忠诚度就比较低。

此外，企业要在招聘员工时就为员工的忠诚度打好基础，在聘用员工之前，就和应聘者进行深入的沟通，因为很多时候应聘者与企业之间的信息是单向透明的，企业对员工了解太多，但员工对企业没有深入的认识。因此，如果企业决定聘用应聘者后，应该将企业的相关情况如实相告，并给他一个再思考、再选择的过程，不要让他进行过多盲目的想象，否则，在他发现现实和预期不一样时，会对公司的绩效产生不良的影响。

至察则无徒：不是所有的内容都要定标准

考核利润没用，利润只是做事的结果，事做不好，利润不可能高；事做好了，利润不可能低。

随着海底捞的管理向流程和制度的规范化转变，我们也开始推行绩效考核。结果，有的小区试行对分店进行利润考核，于是就发生扫厕所的扫把都没毛了还用；免费给客人吃的西瓜也不甜了；给客人擦手的手巾也有破洞了。

为什么？因为选址、装修、菜式、定价和人员工资等这些成本大头都由总部定完了，分店对成本的控制空间不大。如果你非要考核利润，基层员工的注意力只能放在这些"芝麻"上。我们及时发现了这个现象，马上就停止对利润指标的考核。其实稍有商业常识的干部和员工，不会不关心成本和利润。你不考核，仅仅是核算，大家都已经很关注了；你再考核，关注必然会过度。

我们不仅不考核各店的利润，我们也不考核营业额和餐饮业经常用的一些KPI，比如单客消费额等。因为这些指标也是结果性指标。如果一个管理者非要等这些结

果出来了，才知道生意好坏，那黄花菜早就凉了。这就
等于治理江河污染，你不治污染源，总在下游搞什么检
测、过滤、除污泥，有什么用。

——张勇谈考核

【背景分析】

在中国，除了海底捞，应该很难再难找出第二家不把利润作
为考核指标的餐饮企业。因为在张勇看来，利润只是工作好不好
最后呈现出的结果，考察这个结果并不能反映出现问题的环节在
哪里。特别是餐饮行业，最后的营业额是采购、后勤和前厅等各
个部门相互合作的结果。虽说部门之间相互独立，但其间的联系
并不能像田里的庄稼那样划分得独立清晰。任何一个环节出现问
题，都有可能影响其他环节，这些问题最后就都反映在利润上。

除此以外，利润还和很多客观因素有关，比如店面的位置。
店址员工无法决定，店与店之间总会有位置上的优与劣。如果这
个店本身处在一个不好的地段，即使员工再努力，业绩也有可能
难以超过选址好的店面。因此，如果单纯用营业利润来考察员
工，不公平也不科学。

有人说，不考核利润，那就考核成本，毕竟这是其中一个影
响利润的可控因素。张勇也曾经这么尝试过，但正如他自己所
言，海底捞的店面、工资、菜品定价等大头成本基本都由总部决
定，分店能够控制的成本并不多。因此如果就成本进行考核，其
结果是店长和员工一门心思想着怎么节省成本，结果菜品不再优

中选优，那么客人的就餐体验一定下降。这并不是张勇的臆想，他说过一件实际发生的事情："随着海底捞的管理向流程和制度的规范化转变，我们也开始推行绩效考核。结果，有的小区试行对分店进行利润考核，于是就发生扫厕所的扫把都没毛了还用；免费给客人吃的西瓜也不甜了；给客人擦手的手巾也有破洞了。"

这件事让张勇认识到：公司考核什么，员工就会去关注什么。因此他就此刹住，取消了对利润的考核，将考核指标定为顾客满意度、员工积极性和管理层培养三个方面。

这三个方面都不是可以定量考核的指标。顾客是不是满意无法在一张问卷上得出真实结论，因此他让小区经理巡店，他通过与员工、店长的谈话，以及对就餐现场的观察就能够对该店的客人满意度有所了解。

员工的积极性从哪里看？男生的头发长度是不是超出了标准，女生的妆容是不是合格，鞋子是否干净，站在那里是发呆还是积极响应顾客的需要？这些都是上级对于员工积极性考核的标准。

另一个考核标准是培养人才的能力，如果一个管理层培养出的人才都很有能力，那说明他这方面的能力很强，这就是考核标准。

曾经有一个在外企做企业咨询的专业人士，问张勇判断店里生意好坏的指标是什么。张勇回答说没有指标，到店里转一转就能得到答案。那人并不买账，继续问，那要是开上1000家海底捞呢。张勇回答说，那就培养100个像我这样的经理。

老板重视什么考察什么，员工才会紧盯着什么。海底捞最看重的就是服务，就是员工的工作热情，因此这两项成了张勇考核的重点。要是为了方便，就将利润作为业绩的考核标准，那其实是舍本逐末。

【拓展透析】

投其所好是人的天性，当员工知道老板喜欢什么样的做法、要考察什么时，他们就会着重加强自己在这方面的能力，这也正是张勇用服务和员工满意度取代营业额作为考核标准的原因。除了这种方法，管理者还可以采取一种全面的考核方法，叫作360度反馈评价法。

360度反馈评价法是一种从不同层面的人员中收集考评信息，从多个视角对员工进行综合绩效考评并提供反馈的方法，也称全方位反馈评价或多源反馈评价。

它不同于自上而下、由上级主管评定下属的传统方式。在360度评价中，评价者不仅仅是被评价者的上级主管，还包括其他与之密切接触的人员，比如同事、下属、客户等，同时包括自评。或者说是一种基于上级、同事、下级和客户等信息资源的收集信息、评估绩效并提供反馈的方法。

360度反馈评价法作为绩效管理的一种新工具，正被国际知名企业越来越多地使用。

除了原则，其他的你们随便

问："海底捞现在这么赚钱，18％的股份可不是一个小数，你就这么卖给了张勇？"

施永宏："对。"

问："股份要去了还不说，他还让你这么年轻就下了岗，你舒服吗？"

施永宏："不舒服。"

问："那为什么同意呢？"

施永宏："不同意能怎么办，一直是他说了算。后来我想通了，股份虽然少了，赚钱却多了，同时也清闲了。还有他是大股东，对公司会更上心，公司会发展得更好。"

——海底捞创业元老施永宏谈张勇收权

【背景分析】

人们在提到海底捞的时候，头脑中想起的领导者形象总是张勇。其实在很长一段时间里，张勇只有海底捞25％的股份，舒萍

（张勇夫人）和施永宏、李海燕夫妇也同样各占 25% 的股份。当年创立海底捞的时候，起步资金是舒萍和施永宏、李海燕夫妇一起凑的，张勇则一分钱没出。那张勇凭什么获得这 1/4 的股份？其实主意多的张勇一开始就是这四人中的首脑，甚至股份平分都是他的提议。

在海底捞尚未扩大时期，张勇就已经成为海底捞的领导者，尽管是四个人平分的股份，但在大事决策上，张勇都是那最后拍板的人，而其他三位逐渐成为执行者。所以虽然法律上张勇只是大股东之一，但他拥有海底捞的绝对控股权，在大事上说一不二。

张勇夫妇和施永宏夫妇刚刚开第一家火锅店的时候，那会儿店名甚至还不叫海底捞。年轻人总是比较贪玩，四个人每天懒懒散散的，心思也完全不在火锅上。有客人来了，四个人一起张罗一锅火锅，没人来的时候，舒萍、李海燕就会招呼对面理发店的小妹，支起麻将桌打麻将。

过了一段时间，张勇觉得这样下去不是办法，决定好好整理一下火锅店。一天，舒萍和李海燕还像往常一样说说笑笑地打麻将，张勇突然说："我决定我们火锅店成立一家公司。"打麻将的四个人当场都愣住了，不知道说什么好。舒萍有些轻蔑地说："就这四个人的小火锅店还开个公司？"怒气积压很久的张勇猛地掀翻了麻将桌，吼道："就要成立公司，而且我还要做总经理。"被当众羞辱的舒萍哇的一声哭着跑了，李海燕和理发店过来搓麻将的小妹呆呆地在那里不说话，不远处的施永宏也不敢开口劝张勇。这场风波的结局自然是成立了火锅公司，而且由张勇担任总经理。

从这件小事就可以看出张勇在这四人中的领导地位，在后来的十几年里，也继续延续创业初的模式，张勇一人拍板重大决策。没过多久，张勇就让舒萍下岗了，接下来是李海燕，这在其他公司都是不敢想象的事，要知道那会儿张勇也只有 1/4 的股份而已。最让人惊愕的事情是 2007 年，张勇竟然让跟着自己打拼多年的施永宏也下岗，离开海底捞，不仅如此，他还用原始股价从施永宏夫妇手中购买了 18% 的股份，而施永宏竟然就同意了。

如果不清楚创业初的情况，人们会很难理解后来的这一切。为什么张勇可以让其他股东下岗，甚至用"白菜价"从其他股东那里购回价值不菲的股份？正是因为从海底捞成立以来，张勇一直都是实际上的领导者，其他三位只是执行者，换言之，海底捞表面上是四大股东所共有，实际上一直都是张勇绝对控制的企业。

【拓展透析】

通过对海底捞股份的调整，张勇拥有了绝对控制权，这是一种集权式管理。集权是指把企业的经营管理权限较多地集中在企业上层的一种形式。在这种管理下，经营决策权大多数握在企业高层领导手里，他们对下级的控制较多。

企业家采用集权管理，更要懂得放手分权，让更多的人为你工作。与集权管理相对应的是分权。所谓分权是指把企业的经营管理权适当分散给企业中下层，上级的控制较少，使中下层有较多的决策权。当公司发展壮大后，适当分权，合理运用管理团队和制度的力量才能保证企业良好运转。

仅有的规矩必须遵守

　　好的服务不是仅仅依赖随意发挥的亲情和热情，必定有好的制度和机制保障。

　　对于企业来说，最重要的是培养人的机制。一套制度好不好，关键是看你是扼杀了创造性，还是激励了创造性。

　　我们有一个务实有效的绩效考核体系，非常严格。

　　这个中间，务实的绩效考核是关键，你一定要准确评价出哪个店做得好，哪个店做得不好，不能被蒙蔽。

　　建立流程和制度，是一个企业必需的；而设计一个完善的流程和规范的制度，相对来讲其实蛮容易的，因为你不是自己凭空创造一些规则，你是站在工业社会发展几百年历史的基础上。

——张勇谈制度

【背景分析】

　　不管在什么行业，采购工作都被看作是一个肥差，因为难以监控和管理,许多采购员从中获得不少油水,管理者也只能睁一只眼闭一只眼。海底捞的所有店面的食物和原料都是统一购置的,岂不是有更大的油水?

杨滨是海底捞的采购部总管,他和张勇在上学的时候就是铁哥们儿,张勇把海底捞最重要的工作交给了他。杨滨加入海底捞之后,海底捞每年能省下十几万的采购费。

杨滨管理着 20 多个采购员,但他从来没有担心过这些人会吃回扣。杨滨对采购员的充分信任并不是盲目的,一方面这些人都是从海底捞基层慢慢培养起来的,另一方面这些人的金钱欲望没那么大,他们的工资基本和店长相当。但最重要的,是他认为海底捞已经具备了科学完善的采购流程和监管机制。

在张勇看来,在完善的机制的基础上放手让员工去干才是一种信任,否则就是一种放纵。人人都知道海底捞的服务员有免单或者打折的权力,这种权力不只是某个人说了算那么简单,而是有明确的制度规定。

张勇首先规定了权力使用的前提,在出现质量事故,或者顾客提出合理的要求时,为了保证顾客满意度时可以使用这种权力。出现质量问题时,服务员可以根据情况给予打折或者免单,若顾客还要求索赔,领班可以酌情处理,索赔金额可在消费额的两倍以内;每个服务员有 200 元的支配权,用来给店内外顾客提供需要的帮助,使用权力的当天要填写报销单找大堂经理报销。

权力一旦使用,就有可能用得不好或者不合理,这种情况下,领导可以给予员工指导,但不能惩罚,但在确认员工是恶意为之的情况下,可以将其开除。

同采购制度和授权制度一样，海底捞的考核等各项工作都有明文规定，这不是张勇或者某位高管的一句话可以改变的。在海底捞，制度不是摆设，不是今天设定明天就换的形式，而是时刻具备话语权的一种管理方式。

这样，员工不用担心被哪个领导管，只要自己做的事情符合制度规定就可以，让制度说话，公司的责任和权益就会非常明确。

【拓展透析】

在海底捞，人管人的情况很少，用制度来管理就能够避免很多不必要的冲突。用制度说话，也能够避免朝令夕改的情况，说过的话可能下次重新说就有了变化，但是白纸黑字的制度是不能改变的。企业规模越来越大时，制度化也成为企业管理者最重视的一个问题。

联想集团掌门人柳传志有一句名言：爬喜马拉雅山，可以从南坡爬，也可以从北坡爬。联想一旦决定从北坡爬，大家就不要再争了，哪怕北坡看似更远、更陡、更危险。

他的意思是：企业要制度化管理，而且制度不是用来讨论的，而是用来执行的。也就是说，企业若想顺畅发展，就一定要有一套完善的管理制度，并且所有人均要严格按照制度执行。俗话说：没有规矩，不成方圆。企业管理者要明确一点，制度之于公司就像规矩之于方圆，其重要性不言而喻。

制度是企业管理的基础和保证。因此，制度一旦制订下来就必须严格遵守，否则企业就会成为一盘散沙，危及企业的生存。

还有很重要的一点，制度一旦制订，任何人都要严格执行，没有例外。

1946 年，松下公司面临极大困境。为了渡过难关，松下幸之助定下严格的考勤制度，要求全体员工不迟到，不请假。

然而，不久，松下本人迟到了 10 分钟。本来，松下上下班都是由公司的汽车接送的，当天，他早早赶往车站等车，可是左等右等，却不见车来。看看时间差不多了，他只好乘上电车，刚上电车，就看到公司的车到达，便又从电车下来换乘汽车。但由于耽误了时间，到达时整整迟到了 10 分钟！原来是司机班的主管督促不力，司机又睡过了头，所以晚接了松下 10 分钟。

按照制度规定，迟到是要受批评、处罚的，松下认为必须严厉处理此事。

首先，以不忠于职守的理由，给司机以减薪的处分。接着，其直接主管、间接主管，也因监督不力受到处分，为此共处理了 8 个人。

其次，松下认为对此事负最后责任的，还是作为最高领导的社长——他自己，于是他对自己实行了最重的处罚，退还了全月的薪金。

仅仅迟到了 10 分钟，就处理了这么多人，连自己也不饶过，此事深刻地教育了松下公司的全体员工，在日本企业界也引起了很大震动。

企业管理中，必须做到有制度可依，同时做到有制度必依。制度制订出来不是给人看的，而是让人遵守的。一旦制订，组织中的任何成员，都必须受到这个制度的约束，这样才能发挥制度的作用。

言传再多也不如身教有效。若想让员工遵守制度，前提是管理者首先要管好自己，为员工们树立一个良好的榜样。行为有时比语言更重要，领导的力量，往往不是由语言，而是由行为动作体现出来的，管理者的表率作用尤为重要。

制度不仅仅让员工的行为有了规范，更让管理变得简单、公正。因此，管理者要做好制度的建立者，更要做好制度的守护者与执行者，才能确保制度的执行对企业经营起到持续的正面作用。

管理者在制订及执行制度的过程中要遵守三个原则：

1. 要保证制度的严肃性和连续性。朝令夕改会使制度失去效力，流于形式，因此一个好的企业制度要保证不因企业管理者的改变而改变，不因管理者与被管理者关系的亲疏而改变。

2. 制度要随客观环境的变化而不断改进、修订和完善。制度不可能一成不变，一劳永逸，而必须与时俱进。

3. 所有制度必须依据人的本性，便于执行。企业的制度要尽可能少，制度越少，员工重视的程度就越高。制度要简单易懂，每一条款都要有解释，以免造成误解，要尽可能吸收员工参与制度的制订。

违规必然开除：苦劳不是挽留的理由

海底捞员工"四不准"：

1. 不准拿脸色给客人看，不准与客人争吵。

2. 不准因客人的打扮、面貌而轻视客人、议论客人。

3. 不准因与客人认识、知道客人的过去而议论客人。

4. 不准把客人掉在餐厅内的东西占为己有，应在第
   一时间交到吧台保管。

海底捞公司员工"高压线"：

1. 撒谎。

2. 故意虚假报账。

3. 收受回扣。

4. 泄露公司商业机密。

5. 从事与公司有商业竞争的行为。

6. 包庇违法乱纪行为。

【背景分析】

都说企业人才管理是"胡萝卜加大棒"的政策，海底捞的员工政策自然也是如此。虽然海底捞的政策主要是以"胡萝卜"为主，但高压线也少不了。能力不足可以回炉再造，人品有问题则是危险品，随时会爆炸，给海底捞带来灾难。"林子大了，什么鸟都有"，海底捞难免也会遇到一些问题员工，所以"杀威棒"要随时伺候。

都知道海底捞的员工培养主要靠师徒制，杨小丽也带过不少徒弟。杨小丽在负责西安店的时候，曾经带过一位聪明伶俐的年轻小伙子，小伙子在她手下一路从新员工成长为优秀员工，最后杨小丽提拔他做海底捞的采购员。采购是火锅店重要的一环，因为环节太多，如果采购员心思不正的话，也很容易钻到空子，毕竟买卖那么多东西，吃点回扣还是很容易的，所以海底捞的采购员一般都由信得过的员工担任。正所谓疑人不用，用人不疑，杨小丽自然信任这位采购员。

在一次日常的检查中，杨小丽乔装成火锅店的原料供应商，向这位采购员要银行卡号，送去一份厚礼。这位采购员不仅收下了杨小丽的大礼，还没有报告说明。难道是要私吞？杨小丽不愿意相信，她连夜召开会议，重申海底捞员工的纪律，其实就是说给那位采购员听的，并要求收受礼品要在24小时内上交。24小时是那么难熬，杨小丽一直期盼这位自己亲手带出来的采购员能够站出来承认，但是杨小丽失望了。

24 小时过去了，那位采购员没有上交收受的厚礼。最痛苦的事情，莫过于被自己信任的人背叛，杨小丽体会到了这一点。失望过后，杨小丽再次召集员工，拿出了证据，指证那位采购员私收礼钱，理应开除。消息一宣布，那位采购员后悔莫及，不停地求杨小丽再给他一次机会，店里的员工也都说采购员一路辛苦坐到现在的位置，一直表现优秀，可能是一时糊涂。杨小丽仿佛没听见哀求和劝说，直接将这位亲手带出来的徒弟开除出了。其实杨小丽心中又何尝不伤心，只是她更明白人品不过关的员工，绝对要不得。

【拓展透析】

人们总是习惯性地对解聘心怀反感，认为解聘事件的发生，如果不是企业的运营状况有问题，就是员工的个人能力有问题，很少有人从社会角度来看待这件事。不能否认，解聘也有其积极的一面。

解聘可以优化员工组合。每个企业都会有一部分闲置或是与工作岗位不相称的员工，如果长时间不能对他们加以使用，就会让企业背上沉重的负担。要在企业中真正实现优胜劣汰的用人机制，就要把一些不能胜任工作的人员淘汰下来，这样才会使更多的优秀人才脱颖而出，从而使企业的员工队伍充满生机和活力。因此，作为企业的管理者，不仅要清醒地认识人才的重要性，掌握用人的技巧，还要学会通过合理的淘汰机制提高绩效。

解聘可以使员工更认真地对待自己的工作。一部分员工的被迫流出，无疑会从反面刺激那些墨守成规和不思进取的员工，他们将因此产生危机感，从而更加认真地对待自己的工作，积极性、责任感都会进一步提高。

第九章

管理也是服务

家庭是怎么管理的，
海底捞就怎么管理。

卖火锅的幌子：来海底捞是改变命运的

> 如果将企业定位成一个平台，在这个平台上大家通过劳动改变命运，那么我们对一些别人看来很严重的事情就会觉得无所谓，对一些别人看来无所谓的事情我们会看来很严重。
>
> 因为我们的重点不一样。我的重点是，能够在海底捞塑造一个公正公平的环境，有能力把勤奋、诚实、善良、肯干的人提拔到领导岗位。
>
> ——张勇回应"甩手掌柜"一说

【背景分析】

海底捞对于张勇来说，到底算什么？是热爱的事业吗？是赚钱的工具？早年肯定是，因为张勇期盼卖火锅能给他带来物质生活上的改善；可如今海底捞已经成为业内第一，一心赚钱的张勇大可以快速开分店，也没必要给海底捞的员工在行业内较高的薪资福利，更不会给员工那么大的权力。

想了解张勇真正的想法，观其言行是最好的办法。在海底捞走上成熟正轨之后，张勇基本退出了海底捞的日常事务管理，把生活重心放在了家庭生活上，但唯有人力资源管理工作张勇不放手。张勇亲自担任海底捞人力资源部部长，一方面防止用人不当的情况出现，更重要的是将勤劳、诚实的员工逐渐培养为领导，让这些人从此摆脱贫穷。

海底捞绝大多数员工都来自西部地区的农村，很多人从出生就面临饥饿与贫穷。经济压力和教育资源匮乏，更是让他们多数人只念过小学、初中。难道出身不好、学历低的他们注定一辈子贫穷吗？不甘心的他们来到大城市，选择在海底捞打拼，张勇认为他要对这些员工们负责任。老天是公平的，虽然他们输在了人生的起跑线上，但他们拥有勤劳的双手和坚忍的意志。

人人都知道海底捞的员工工作辛苦，可为什么他们不离开海底捞？原因就是他们相信通过自己的双手可以改变自己的未来，换言之就是在海底捞奋斗有奔头。为什么可以那么确信这个奔头是实实在在的，而不是张勇画的一张饼？因为有榜样，有制度。海底捞到了今天，管理层从杨小丽、袁华强、林忆到谢英，哪个不是农村出来的？海底捞更有一套完善的考核员工体系，从一线服务员、领班、大堂经理、店长，一直到高层，只要够努力，人人都有晋升的机会，这也正是张勇对于海底捞真正的定位，海底捞不是热爱的事业，不是赚钱的工具，而是张勇为贫苦的海底捞员工设立的跳跃平台，就像龙门，足够努力的海底捞人可以通过这个平台，摆脱贫穷，安身立命。

可回过头来想想，张勇不是慈善家，他为何不聘用外面的高学历人才，辛辛苦苦地等着这些农村来的员工慢慢成长？可能是由于岗位特殊性，一般人吃不了这份工作的苦；也可能是因为海底捞的管理层需要对一线工作有一定的了解，不能从外面空降。其实理由多种多样，说一千道一万，真正的原因必然是张勇对员工的人文关怀。张勇看着这一群像曾经的自己一样，勤劳、善良的农村人，在这喧嚣的大城市里，卑微地用自己的双手，寻求人生的梦想，怎能不动容，不想起自己的过程？

张勇将海底捞定位成农村人实现"城市梦"的舞台，不以金钱为第一，"以真心换真心"，无私的张勇也获得了海底捞员工的信任。

【拓展透析】

企业追求利益天经地义，但是企业履行社会责任也是不可或缺的一个方面。企业或是社会的发展，都是人们追求利益的结果，所以企业要想追求利益就得权衡各个方面的利益，不能单纯追求私利，在追求企业利益的时候，要兼顾员工的利益，这样，企业才能获得员工的信任和支持。

像家人一样团结

我愿意尊重每一位同事，因为我也需要大家的关心。

我们大家帮着你，你一定能学会。

我在这里感受到了久违的温暖，同事之间很客气，都管我叫"阿姨"或"大姐"。此时，我真切地感到家的存在。我爱你，我的家——海底捞。

——海底捞员工谈家一样的团队

【背景分析】

张勇特别强调团队的凝聚力，因此他把海底捞打造成一个家庭式的企业，用温情的方式来管理企业。虽然人类以家庭为单位，但渴望融入群体是藏在人类身体里的潜意识。团队有一种能量，它能够让向上的人更加有力量，也能够给受伤的人带去抚慰。

年过四十的王彩虹在经历了离婚等几场人生大变故后，只身从云南来到北京，经人介绍成为海底捞的一名清洁工。在这里，她感受到了家的温暖，因为所有的难题都有一群人帮着她一起解决。

王彩虹心里一直非常挂念正在上初中、借宿在亲戚家的女儿，可对她来说打电话回家的费用不是一笔小数目，无奈之下，她只有忍着思念在心里默默为孩子祈祷平安。大堂经理谢张华知道了这件事，就定期给王彩虹的女儿打个电话，鼓励她好好学习，考出来看看外面的世界。

这天，王彩虹和往常一样打扫卫生，突然很多同事涌到她跟前，唱起了生日快乐歌，谢张华端着特制的果盘，抱住她说："妈妈，生日快乐！"王彩虹泪如泉涌，她从心里感谢这群把她当妈妈一样看待的孩子们。

有一年，公司把一笔5000元的捐款给了她，不但因为她生活拮据，更因为她工作出色。王彩虹卖命地工作，是因为每当她在海底捞遇到问题时，她都不会孤单，总有一群人站在她身边帮助她。她也希望能够尽最大的能力把工作干到最好，为团队贡献力量。

组成海底捞团队的只是一群学历很低的普通人，而当他们聚在一起时却可以发挥强大的力量。曾有客人撒酒疯后，拿着家伙来海底捞闹事，在杨小丽的一声令下，整个店的人都冲锋上前保护店面。从这一点来看，他们不是一群无组织无纪律的散兵，而是具有强凝聚力的高效团队。这样的团队，具备极强的战斗力、极强的凝聚力、执行力和向心力。

张勇从来没提过"团队建设之道"，但海底捞员工就像是家人一样紧紧地凝聚在一起。一个人有难题，整个团队来解决，不需要什么团队建设技巧，让员工感到温暖就是建设一支队伍最好的办法。

【拓展透析】

高效团队组建的核心是团队成员的高士气，海底捞虽然没有专门的团队建设，但他们的士气绝不是同行所能比的。张勇鼓舞团队成员的士气，让他们抱团作战的秘诀就在于激励。什么样的激励能够恰到好处地击中团队的"命门"，起到最有效的作用呢？简单来说，企业可以使用以下七种激励方式：目标激励、领导行为激励、数据激励、奖励激励、关爱激励、集体荣誉激励、支持激励。

快乐迁移：让工作充满愉悦

我看到有的餐厅训练服务员，微笑要露出 8 颗牙齿，嘴里夹着根筷子训练，我说那哪是笑啊，简直比哭还难受，那些僵硬的笑容，并不是发自内心的。海底捞从来不做这类规定，激情＋满足感＝快乐，这两条都满足了，员工自然就会快乐，并把这种情绪带到工作之中。

——张勇谈微笑服务

【背景分析】

不知道从什么时候开始，微笑要露 8 颗牙齿，据说那是最漂亮的笑容。于是，空姐、礼仪和其他各个服务行业纷纷效仿，嘴里咬上一根筷子就开始训练，结果脸上的肌肉都僵硬了还是做不出最具亲和力的模样。微笑本是人在发自内心的高兴时呈现的一种情绪，而把笑容当作一种标准时，它还能成为发自内心的情感流露吗？

走进海底捞，路过你身边的每个服务员都会送来一个微笑，吃饭时无意抬头看见他们，迎来的也是微笑，那种微笑真诚而又自然。海底捞在给员工培训时，会问他们一个问题：给顾客送上一个微笑，咱们有没有损失？答案当然是没有。海底捞一直在给员工灌输这样一种意识，那就是微笑是一种没有任何损失、不需要任何成本的服务，却能够获得高回报的收益，比如好口碑和顾客的上座率。

虽然海底捞的许多服务都有一套标准，但是张勇从来没训练服务员露 8 颗牙齿的笑容，在他看来，服务时的微笑应该是员工将情绪自然带入工作中的一种快乐状态。那么，员工怎样才能快乐？只要工作有激情、生活有满足感就能感受到真正的快乐。

张勇是用什么办法提高员工的激情和满足感的？

几乎所有的企业都只给员工发工资，但是张勇还给员工的父母发工资。做到店长以上的职位，工作越出色，父母拿到的工资越多。一方面，海底捞员工的家大都是农村的，父母没有养老保险，工资就是张勇给他们父母上的保险；另一方面，这也是在向父母做工作汇报，父母成为帮助张勇监督员工的好帮手。

张勇向上赡养员工的父母，向下照顾员工的孩子，他在家乡建了一所亏本的学校，员工的孩子可以在那里上学，除了书本费之外所有的费用全免。做到店长以后，每年还有额外的 12000 元的补贴，目的就是要让员工的孩子和城市里的孩子一样享受优质的教育资源。

海底捞的员工工作时间很长，非常辛苦，所以张勇一定要给他们提供一个舒适温馨的生活空间。生理需求是人的基本需求，在海底捞，所有的员工都住在正式的小区里，小区离店面步行距离不超过 20 分钟。宿舍里配套设施也很齐全，有 24 小时供应的电脑、网络、热水和空调。

海底捞的员工不是只给顾客提供服务，还享受别人提供的服务。为了给员工提供更多休息的时间，海底捞有专门的家政人员，负责为所有的员工打扫卫生、清洗被褥衣服，员工们在店里忙完回来，宿舍里所有的东西已经被整理得干干净净，有时宿舍阿姨还会准备好热腾腾的米粥，员工们回到家心情一下子就豁然开朗了。

舒适的生活环境，给员工带来的不仅仅是一种便利和工作热情，还有一份能够在顾客面前仰起头微笑的自信。

海底捞还有各种优厚的福利待遇，比如，员工三次被评为先进，公司就会给他放三天假，父母就能来探亲一回，到海底捞享受一顿免费的美餐，并且报销往返路费。

张勇不但将这些作为福利来激发员工的激情，还将培养员工激情作为管理层考核店长的一个标准。如果员工的激情不够高，即使业绩再好，这个店长也是要被撤掉的。在考察员工激情这一项时，海底捞总部会到各店进行巡视，观察员工有没有全神贯注地关注顾客，是不是有工作热情，服务是不是又快又好，等等。

和一般的服务行业相比，员工在海底捞能够享受到家一样的待遇，受到充分的尊重，并且被激发出工作的热情，这才有了他们脸上比露8颗牙齿还美丽的微笑。

【拓展透析】

真正让人愉快和满意的不仅仅是挂在海底捞员工脸上的微笑，更包含了他们从内心散发出来的工作的快乐。

一个适宜、安全、和谐、愉快的工作环境，是每个人都梦寐以求的，也是促使员工积极工作的条件之一。同样，作为一名企业主或者一名顶尖的高层职业经理人，为企业塑造一个良好的工作环境是至为关键和重要的工作之一。好的环境、有意义的工作就是对员工最重要的激励。

如果管理者问员工，是什么使得他们在工作时不开心，听到的回答要么是老板令人讨厌，要么是工资低，要么是工作环境不舒服，要么就是规章制度很可笑。如果管理不善，环境因素会让人感到苦恼，人们必然会失去动力。

但是，即使管理有方，环境因素也不会激励任何人更努力或更巧妙地工作。相反，如若工作有乐趣、富有挑战性，或责任加大，人们就会受到激励。这些内在因素满足了人们内心深处对成长和成就的需要。

最佳的工作效率来自高涨的工作热情，我们很难想象，一个对工作兴趣淡薄的人会全心地投入工作，得到很好的工作效果。兴致勃勃会让人更好地发挥想象力和创造力，在短时间里取得惊人的成绩。

客户是服务业的人脉

> 网易财经：你在经营的时候，有没有刻意扩大自己的人脉圈子？
>
> 张勇：没有，我在好多城市开火锅店，如果我要是喜欢这个东西（扩展人脉圈）的话，我就会忙得每天晚上睡不着觉了。因为我觉得还是自己家里面的生活重要。让他们去吧，我们下面的人他们是需要认识一些人。但是我觉得，客户就是我最重要的人脉。
>
> ——张勇答网易财经记者问

【背景分析】

海底捞在发展壮大的过程中，不像一般企业那样特别注重外在的营销手段，譬如狂轰滥炸式的媒体广告、娱乐明星代言等；在进入成熟期后，张勇也没想着要和政府搞好关系，希冀得到政府的支持，做个"红顶商人"。虽然火锅是个中低端的服务餐饮行业，但如今已经成为四川省简阳市名片的海底捞，真想获得一些政策上的优惠，其实是完全不在话下的。

　　可是张勇认为，餐饮行业是相对来说竞争较为开放的行业，海底捞最根本的落脚点也是一对一地为顾客服务，所以相对于外在的种种，顾客才是海底捞最重要的人脉资源。张勇的"客户至上"理念深深烙在每个海底捞人的身上，或者说每个海底捞员工的行动都是一面映射张勇内心世界的镜子。

　　有一位顾客在上火车前，和几个朋友在海底捞吃火锅，朋友相聚，自然是话语投机，把酒言欢，再加上海底捞提供的无微不至的服务，更是让这位顾客忘记了即将上火车这档子事。吃完饭后，拖着行李箱出来，顾客才发现时间已经不多，站在马路边焦急地招出租车。无奈正是晚饭点前后，出租车都已经载了客，眼看着时间一分一秒过去，难道要误火车了吗？海底捞的门迎服务员看见这位顾客焦急的样子，主动上前询问，随后便把顾客要赶火车的事告诉了店长，店长二话不说，直接从车库开出了自己的SUV，亲自送这位顾客去了火车站。

　　如果上面的事例还鲜有人知，那么下面说的事情，早已经在网络上疯传。一位名叫"双日木闺女"的网友，在微博上写道："一大早肚子狂痛，不会是因为昨晚的海底捞吧？"不到几分钟，海底捞就在微博上注意到了这条消息，很快就联系上这位网友，询问痛感是不是厉害，并劝网友去医院查一下，费用全由海底捞报销。不仅如此，海底捞还在留言中询问这位网友的地址，说会让最近的海底捞员工赶过去，带着网友去看医生。

　　这样的事例不胜枚举，这几位员工也仅仅是海底捞员工大军中的沧海一粟，无数面这样的镜子最后映射出张勇的理念——顾客至上，客户才是海底捞最看重的人脉资源。

【拓展透析】

但凡做生意，都明白顾客至上的道理，商家也有各自吸引"上帝"的三十六计。如何留住老客户，扩展新客户，是每个企业家都要面临的问题。

第一，在企业刚起步或者客户群较少时，必须通过创新挖掘出潜在客户。

第二，留住来之不易的老客户。

第三，为员工提供创新和发挥的舞台，因为面对客户的不是企业管理层，而是一线员工。

第四，拓展新客户，以客户"生产"客户。拉住老客户的心，通过客户间的口口相传，吸引更多的客户，这样远比企业狂轰滥炸地宣传、打广告有用。

第五，随时和客户沟通，了解客户的心声，让客户有发言权。

第十章

海底捞是熬出来的

二十年磨一剑，且学且珍惜。

员工都是一个一个吸引来的

网易财经：在很多企业都是鼓励内部人才推荐，就是说可能朋友介绍朋友过来。

张勇：对。

网易财经：你觉得这种模式，或者这种推荐人才的方法，是不是也存在一些问题？

张勇：对。但是在你没有更好的选择的情况下，这个很好。因为朋友不会骗朋友，你这个企业要是做得不好的话，他不会推荐他的朋友来，如果他都推荐他的朋友来的话，至少他是认为这个企业还可以的，他都把自己的弟弟妹妹叫过来了，亲戚都叫过来了，我们这儿甚至还有什么爸爸、妈妈、孩子、媳妇儿、表姐、表妹都在海底捞的。开始说会不会出现一些问题，我说，肯定会出现问题呀，出现问题但是你别理它呀，它有问题你去夸大它，不是问题更大了吗？

——张勇答网易财经记者问

【背景分析】

海底捞的员工个个令其他企业羡慕：为什么我的企业中就没有如此尽心尽力的员工？的确很奇怪，张勇为什么总能在茫茫人海中，找到那些优秀的海底捞员工，难道他是一眼就能看透人心的伯乐？上万名优秀的员工，性格多样，更不可能是批量"生产"出来的，对于这个问题，张勇自己说："海底捞的员工是一个一个吸引来的。"

海底捞郑州区的总经理冯伯英就是这样一位一直被吸引着的员工。冯伯英早在海底捞只有简阳一家店的时候就加入了海底捞。当年冯伯英也只是个农村来的穷丫头，什么都不懂，张勇不仅不厌其烦地带她，而且从没有把她当作打工妹看待。冯伯英回忆起那段时光，心中依然充满温暖。当时冯伯英父亲刚去世，农村来的她一直很自卑，可张勇和施永宏从未看不起她，经常带着她去逛公园，到处去玩耍。张勇还会带着冯伯英去唱卡拉OK，每逢过年，没回家的冯伯英就和张勇他们一起过年，大家一起喝酒、划拳、打麻将，完全像是一家人，根本没有老板和员工的分别。

让冯伯英印象最深刻的是有一年夏天她生病住院，正巧那天暴雨，整个简阳城内路不成路、沟不成沟，完全没法出门。正当冯伯英一个人在医院伤心的时候，张勇冒着雨，一脚深一脚浅地走到了医院，不顾一身泥水，安慰冯伯英安心养病，不用担心工作的事情。临走时，张勇还留下一笔钱，让她买些营养品补身子。张勇走后，冯伯英再也忍不住，眼泪唰地流了下来。从那时起，冯伯英就下决心跟着张勇，决不离开海底捞。

经过这件事情之后，冯伯英总是推荐同乡到海底捞工作，因为她知道海底捞的老板是个什么样的人。张勇也一直支持海底捞的员工介绍自己的亲戚朋友进来，他认为有了家人朋友的监督，会让员工工作更尽心。

这就是张勇一个一个吸引海底捞员工的秘诀。如果张勇是海底捞团队的核心磁石，像冯伯英之类的员工就是周围小磁石，大磁石吸引着小磁石，小磁石吸引更小的磁石，各个相互吸引，组成了庞大的海底捞员工大军。

【拓展透析】

优秀的领导者几乎都具备某些共同的特征，比如诚信、睿智、敏锐的判断力等，与此同时，他们还具备某些特别的技巧与能力，比如有效的沟通与决策能力。有关领导力的很多研究都认为，上下级之间的关系是单向的，但事实并非如此。此外，追随者并不是千人一面，因此，对追随者不能采用一刀切的方法。与领导者一样，追随者也会在力所能及的范围内捍卫自我利益。虽然他们可能没有权力，至少不如自己的上级有权，但他们并不缺乏力量和影响。

为了品质：没有合适的员工就不开新店

现在时机未到，在没能拥有足够满足扩张需要的合格员工之前，拿钱拼店数，可能是让海底捞品牌消失的最快死法。

我们不多开店，不是因为没有钱，而是缺少合格的人。大街上招来的人，要经过培训，才有可能成为符合海底捞标准的人。海底捞的火锅店必须由符合海底捞标准的人管，才能有这样高的回报。我们每年开多少店，首先是看能训练出多少合格的管理层和骨干员工，然后才看手里有多少可开新店的钱；这么多年我们手里的钱总是绰绰有余。

——张勇谈海底捞开店问题

【背景分析】

"滚雪球式"的加盟发展模式，略知财经知识的人都不会陌生，因为众多的大公司都曾经走过这条路。滚雪球式的发展模式，优势相当明显：在企业初期资本不足的情况下，可以快速扩大市场份额，形成规模效应，但凡事有利必有弊，就像吹气球，过分膨胀的结局就是气球爆炸。

张勇在创立海底捞时，从未想过走规模化的道路，只是个小本买卖的生意人，本本分分地做着手头的火锅店。到后来，海底捞因其优质的服务声名鹊起，张勇才感受到开店的压力：一面是催促他多开店的声音，慕名而来的消费者、国内外投行以及海底捞自身的管理层，都希望海底捞能借着名声，快速在全国各大城市开满分店，甚至张勇本人，内心深处都有一丝心动，哪个生意人不希望自己的生意越做越大，名利双收呢？

不过，张勇还是拒绝了所有人的提议，在海底捞成立之后的15年里，他只开了33家分店。为何这么保守？原因是缺人。中国最不缺的就是人，有钱难道还招不到员工吗？有多少人在肯德基或者麦当劳做过暑期临时工，培训几小时就可以直接上岗，海底捞虽然比快餐厅的服务要求多，但培训一个星期足以上岗了吧？

事实上，一名业务成熟的海底捞服务员，除了为期一周的岗前培训，还需要在门迎组、上菜房、服务组、传菜组、油碟房、配料房、保洁组、凉菜房、库房等所有部门轮流工作，在历经考核之后，才能成为一名业务熟练的海底捞一线员工。培养一名合格的海底捞员工，平均下来至少需要一两年的时间，更不用说大堂经理、店长、小区经理等管理层，其耗费时间更多。如此慢的人才成长速度，自然跟不上滚雪球式的开店速度，这也是张勇说缺人的原因。

而且张勇为了保证各个分店的高水准服务质量，规定新开分店必须有 80% 是老员工，否则新手太多，水平参差不齐，岂不是自砸招牌？所以在现阶段员工成长跟不上的情况下，张勇为了保护好海底捞这块品牌，必须放慢扩张速度，否则无异于搬起石头砸自己的脚。

【拓展透析】

企业的发展和人的行走一样，走得太快容易摔倒，一步一个脚印，方能在风云变幻的商海中立于不败之地。

管理大师德鲁克认为，成长过快绝对是企业经营的一种危机。任何组织的规模在短期内迅速扩大了一倍或者两倍，这种扩张速度很可能就超过了组织原本使用的企业认知的限度。

企业在创建以后，成长是一个必经的过程，然而过分追求成长的速度无异于自寻死路。很多企业管理者从来没有想到过，成长过快会是导致企业经营失败的根源。而当自己因此遭遇失败之后，才真正体会到企业均衡发展的重要性。管理行为的艺术性正体现于此，动态的平衡将提供企业经营成长的动力。

优秀员工都不是复制出来的

我一直在琢磨餐饮业的核心竞争力究竟是什么，是环境、口味、食品安全还是服务品质？我想了很多，发现这些到最后都不能形成核心竞争力。我觉得人力资源体系对餐饮企业是至关重要的。如果我们能把这个人力资源体系打造好的话，它会形成一种自下而上的文化。我认为这个可能会成为海底捞未来的一个核心竞争力。

设备是可以复制，人复制起来是非常难的。

——张勇谈人才

【背景分析】

张勇把人力资源体系的建设看作海底捞的核心竞争力，因为服务、环境等和餐饮经营有关的所有环节都离不开人的参与。很多同行溜到海底捞以吃饭的名义去考察，派员工到海底捞应聘当卧底，但始终只能止步于一种手段，并没有掌握海底捞的精神实质。

有些同行希望能从海底捞挖上几个人才，回去复制一下，没准儿能复制出个海底捞。他们挖不动店长，就盯上了大堂经理，这个也没法得逞时，就向领班"下手"，实在不行连服务员也挖。因为在他们看来，只要是在海底捞干过的人就是人才，就不一般。

一次，另一个餐厅管理层的几个人到海底捞去吃火锅，他们已经不是第一次来了，但每次不管怎么挑毛病也没有成功。这次，他们把服务员叫过来，直接告诉她要一杆秤看看羊肉的分量够不够。

几个人正等着看服务员的反应，没想到，小姑娘问，是要用海底捞的秤呢，还是她帮着专门去买个呢。这几个人一下子笑了出来，直接告诉了小姑娘他们的来意。小姑娘微微一笑，说，之前我就看出来了，不过我们特别欢迎，因为你们的存在才让我们要求自己做到更好。这才是这个小姑娘来海底捞的第八个月。

即使是服务员，只要是海底捞的，都机灵活泛，到了别的餐厅也能做个领班。先不说海底捞的员工很难被挖走，即使是挖走了也很难复制出一样的人才。

当然，这也是张勇最为头疼的问题。不但同行想复制人才，张勇自己也这么想，他也希望培养出一个好的服务员，就能复制出很多同样的人才。但人不是机器，人是灵活多变的，培养员工不像制造冰箱、汽车那样，用一套标准流程就能生产出符合公司标准的员工。因此，他一方面为海底捞创建标准化的工作流程，一方面根据不同人的标准制订创新化的机制。

海底捞的服务员在外界的名声很好，不管是在同行中，还是顾客中，张勇却还有很多不满意之处。在他看来，说海底捞的每个员工都能做到最好的服务就太夸张了，海底捞肯定有很多服务很好的员工，但也有一部分服务做得很不达标。不是内行人可能很难看出他们的不专业之处，也或许看到了并没有放在心上。但是张勇都看在眼里，每当这时候，他就非常生气，但是让自己最初的想法传达到每个人是一件不可能完成的任务。

人才是很难复制的，不仅是竞争者之间，在自己公司内部也是如此，张勇能做的就是尽力地去传达，尽最大可能影响更多的人，这就足够了。

【拓展透析】

你的眼睛还在死死盯着财务报表不放么？也许是时候把注意力从财务报表上适当地挪开了：财务报表告诉我们的东西永远是滞后的，它只能告诉我们过去发生了什么，而不能告诉我们未来应该向哪里去。决定一个企业未来发展最关键的因素是人才，是被张勇称为核心竞争力的人力资源，或者说，是能否留住优秀人才。

一个成功企业的管理人员应该把工作主次和依赖的重点对象搞清楚，并不断地对人才加以鼓励和奖赏，才能留住最需要的顶尖人才。

海底捞永远需要软实力

我觉得现在制约我们的还是人力资源等几个体系的问题。一个企业要发展，还是软实力的问题。软实力就涵盖了人力资源体系、信息化管理体系、财务体系、物流体系等，只有把这些体系建立起来，海底捞才能成为一个真正的品牌。当这些体系都很差的时候，你拿一大堆钱开很多店，这不是加速毁灭吗？所以我觉得现在不是快速扩张的时候，现在是静下心来打造基础体系的时候，我这么多年一直坚持这个观点。

——张勇谈海底捞基础体系建设问题

【背景分析】

在各种各样的餐饮行业中，火锅业属于中低端、大众化的行业。行业中千千万万个火锅店，自然也分为三六九等。虽然海底捞起步时的规模只能算作九等末节之流，但在品质和服务上，至少是优于很多大火锅店的。从海底捞"出生"起，就注定了它不是一个中低端的品牌，因为海底捞的缔造者——张勇将它定位成火锅行业的标杆。早年间，张勇接受采访时，还略有羞涩地表示："我觉得做生意嘛，你没有必要非把自己说是要建设成一个民族品牌，我念的书又不多，我想建民族品牌的事情让那些念过书的人去做吧，我们这些人过过小日子就可以了。"

到了这两年，张勇不再掩饰自己内心的想法，他希望海底捞能成为国内火锅业的第一品牌。做品牌与做生意相比完全是两码事：做生意无非就是赚钱，做品牌却可能要面对有利益不赚，甚至倒贴的情形；做普通火锅店也只需要分店够多，硬件跟得上就行，而做海底捞这块招牌，相比于硬件，软实力更重要。

张勇为了打造高端品牌，有意放慢海底捞的扩展速度，多年来多次拒绝投行投资，专注于将更多的金钱与精力投入海底捞的软件提升中。张勇在提升海底捞软实力过程中，着力去除海底捞早期的人治色彩，促使员工考核、原料配送等原有的软性标准向硬性标准化靠近。在张勇看来，海底捞早期的软性管理的确很成功，但伴随海底捞的发展，最终都将被硬性标准化制度所取代。

海底捞还与美国夏晖公司合作，在全国建立了 4 个现代化的原料配送中心。从农户手中购得的原料先要经过全面的质量检测，随后进入冷库；在经过第二道质量检测之后，原料进入自动清洗、分离、甩干流程，经过第三道严密的细菌含量检测之后，才能包装运往各个分店。进入海底捞分店之后，一线服务员大大减少工作量，只需要拆装、称重、配菜即可。接下来张勇还会进一步推进海底捞的硬性转变，将建立智能化的火锅店，从顾客进门、点餐、下单、配菜、上菜全自动，劳动密集型的餐饮业甚至将没有服务员的身影，不过目前这还处于试验阶段。

【拓展透析】

企业软实力，这个概念自20世纪90代被美国学者约瑟夫·奈提出之后，越来越受到企业管理者的重视。如果说企业硬实力是着眼于物的话，那么软实力的重点则是人。随着市场经济的发展，企业之间的竞争也日趋激烈，近于白热化。现代企业的核心竞争力也由过去的资本、规模等硬实力，转为企业的软实力，即企业的基础体系建设。

一个企业的基础体系，包括人力资源体系、营销体系、管理体系及服务体系四个大类。如何打造企业的基础体系，夯实基础，可以从下面的流程中进行学习：

第一步，调查研究。即深入现场进行考察，以探求客观事物的真相、性质和发展规律的活动。它是人们认识社会、改造社会的一种科学方法。

第二步，在调查研究的基础上，科学合理地制订组织标准和架构。这是一个长期的、不断完善的过程。实事求是、灵活机动，再加上科学合理的标准和架构，必将为企业带来无限生机和活力。

第三步，办公流程再造。由于管理过度细化，管理成本加大，日见膨胀的信息量和信息流通量正在成为无形的障碍，有人发现，问题不在工作本身也不在工作的人，而是在整个流程的结构。办公流程再造是"对企业的业务流程作了根本性的思考和彻底重建"，其目的是"在成本、质量、服务和速度等方面取得显著的改善"，使得企业能最大限度地适应以"顾客、竞争、变化"

为特征的现代企业经营环境。

第四步，资源重新配置。企业资源重新优化配置，重点在于"优化"二字，就是通过企业内外部资源的重新配置，以尽量少的资源成本，获得尽量多的效益，即资源的最大化利用。这既是资本升值的过程，也是降低成本的过程。